Agradecimentos

Ao longo da minha carreira, não faltam pessoas às quais agradecer. Primeiramente, eu gostaria de registrar quanto sou grato aos meus familiares, principalmente meus pais, Cláudia e Orcelino, por depositarem em mim toda a sua confiança e me compreenderem melhor que ninguém. O apoio de vocês me ajuda todos os dias a ser uma pessoa melhor.

À minha esposa e companheira, Aline, por estar sempre ao meu lado.

Ao meu amigo, Leonardo Baldo, por me apresentar ao mercado de trading esportivo, que se tornou minha paixão e meu caminho para o sucesso.

E ao meu grupo de *mastermind*, vocês sabem quem são, por contribuírem com suas ideias e seus insights, por serem parceiros e colaboradores valiosos, oferecendo sua energia e seu apoio para que este livro se tornasse possível. Meu muito obrigado!

Prefácio

Uma das minhas primeiras descobertas sobre trading esportivo aconteceu quando encontrei o curso de Juliano na internet, em meados de 2012. À primeira vista, já achei todo aquele universo muito interessante e curioso.

Algum tempo depois, para minha surpresa, recebi um e-mail do mesmo Juliano sobre empreendedorismo e marketing digital. Seu objetivo era simples: aperfeiçoar alguns pontos e estratégias de seu próprio negócio. A partir desse momento, começamos a trocar muitos e-mails, mantendo muitas conversas antes mesmo de termos a oportunidade de nos conhecer pessoalmente.

Sua atitude me chamou a atenção de primeira, e pude perceber que ele é um sujeito de garra, que corre atrás daquilo que deseja, sempre buscando se aperfeiçoar, descobrir coisas novas e crescer na vida.

Nós nos conhecemos em uma feliz ocasião: estávamos no mesmo evento de marketing digital. Ele veio conversar comigo, e, até então, eu não imaginava que ele fosse uma pessoa tão humilde, considerando o status que havia alcançado e tudo o que já havia conquistado. Para minha grata surpresa, descobri que ele não apenas era humilde e generoso, mas também que conhecia muito sobre o mercado e a vida.

Uma das características que me causa mais admiração por certas pessoas diz respeito não apenas a atingir grandes objetivos e resultados, mas a ajudar outras pessoas e manter a humildade que foi conquistada durante toda a vida. Isso tem a ver com reconhecer a necessidade de aprender cada vez mais – e ajudar cada vez mais. Esse é Juliano. Não bastasse isso, depois de algum tempo, também tive a sorte de perceber que ele era muito querido em diversos meios, evidenciando novamente ser alguém espetacular que tem muito a ensinar a todos nós.

Prova disso é a atitude que ele sempre demonstrou; ele descobre um conceito, estuda-o até as últimas consequências e o aplica – e esse *modus operandi*, em minha opinião, é o que você, leitor, deve fazer com este livro a partir do momento em que o adquiriu. Pegue para fazer! Faça acontecer!

Acredito que a grande diferença entre as pessoas que têm sucesso e as pessoas que não têm é que quem é bem-sucedido faz acontecer. Ainda que exista indecisão, ainda que haja o medo de cometer algum erro, existe a ação, e, consequentemente, o sucesso. É pôr a mão na massa, em vez de esperar que alguém tome uma atitude por você.

Creio que é preciso ter um modelo de pessoas interessantes por perto, gente que pode lhe ensinar algo e que tem muito conhecimento e experiência para compartilhar. Juliano é essa pessoa: alguém de muita importância para mim, cujo crescimento e cujos resultados posso ver de perto. Esse é meu conselho para você: "cole" no Juliano.

Certa vez, um grande professor de Literatura perguntou em sala de aula onde estava o maior conhecimento do mundo. Os alunos, entusiasmados, responderam de prontidão: na biblioteca! O professor os corrigiu. Segundo ele, o maior conhecimento do mundo está no cemitério – é o que as pessoas aprenderam. Se um dia o ser humano descobrir como adquirir e extrair o conhecimento das pessoas, seja do cérebro, das células, seja das conexões neuronais, haverá uma quantidade gigante de conhecimento.

Assim, saiba que o que você aprenderá nas próximas páginas tem muito poder – o poder de transformar sua vida. Não deixe o livro encostado na prateleira. Leia e releia-o quantas vezes precisar!

Tive o prazer de acompanhar o desenvolvimento de cada capítulo com Juliano, desde a ideia até os primeiros contatos com a editora. O

Juliano Fontes
O GURU DA BOLSA ESPORTIVA

INVI$TA em FUTEBOL

SEJA INVESTIDOR DA BOLSA ESPORTIVA E GANHE DINHEIRO ENQUANTO ASSISTE A JOGOS EM CASA

NÃO IMPORTA SUA RENDA, GANHE DINHEIRO COM SEU ESPORTE PREFERIDO!

Gente editora

Diretora
Rosely Boschini
Gerente Editorial
Marília Chaves
Estagiária
Natália Domene Alcaide
Editora de Produção Editorial
Rosângela de Araujo Pinheiro Barbosa
Controle de Produção
Karina Groschitz
Preparação
Sandra Martha Dolinsky
Projeto gráfico e Diagramação
Triall Composição Editorial
Revisão
Vero Verbo Serviços Editoriais
Capa
Thiago de Barros
Imagem de Capa
fStop Images – Stephan Zirwes/Brand X Pictures/ Getty Images
Impressão
Prol Gráfica

Rua Pedro Soares de Almeida, 114, São Paulo, SP – CEP 05029-030

Telefone: (11) 3670-2500

Site: http://www.editoragente.com.br

E-mail: gente@editoragente.com.br

Dados Internacionais de Catalogação na Publicação (CIP)
(Câmara Brasileira do Livro, SP, Brasil)

Fontes, Juliano
Invista em futebol: seja investidor da bolsa esportiva e ganhe dinheiro enquanto assiste a jogos em casa / Juliano Fontes. -- São Paulo: Editora Gente, 2015.

ISBN 978-85-452-0053-6

1. Futebol 2. Investimentos 3. Mercado de ações 4. Mercado financeiro I. Título.

15-05803 CDD-332.645

Índice para catálogo sistemático:

1. Futebol trading: Mercado de trading esportivo: Investimentos : Economia financeira 332.645

que vi, durante todo esse processo, foi o carinho imenso que ele dedicou a transpor todo o seu conhecimento para este livro. Espero que você faça uma boa leitura, aproveite o livro e aprenda com cada frase aqui escrita, absorvendo o máximo de conhecimento possível – e que o aplique. Se assim o fizer, verá grandes resultados e a grande diferença que se dará em sua vida.

Nas palavras de Ruth Noller: "A mente é como um paraquedas: só funciona se estiver aberto".

Forte abraço,

Samuel Pereira
Autor de *Os segredos da audiência*

Sumário

INTRODUÇÃO 11

CAPÍTULO 1 – DIGAMOS QUE, HIPOTETICAMENTE, VOCÊ ODEIE SEU TRABALHO E AME FUTEBOL........ 17

CAPÍTULO 2 – QUAL É SEU PERFIL? 33

CAPÍTULO 3 – O MERCADO FINANCEIRO 39

CAPÍTULO 4 – A INICIAÇÃO 49

CAPÍTULO 5 – QUANDO VOCÊ COMEÇA A ENTENDER O SISTEMA 73

CAPÍTULO 6 – TÉCNICAS E ESTRATÉGIAS 91

CAPÍTULO 7 – TRADING AVANÇADO 113

CAPÍTULO 8 – ALÉM DO TRADING 125

CAPÍTULO 9 – A PERGUNTA QUE VOCÊ QUER FAZER AGORA: É POSSÍVEL QUEBRAR? 137

CAPÍTULO 10 – QUANDO COMEÇA A DAR CERTO 143

CAPÍTULO 11 – COMECE HOJE MESMO 153

Introdução

Se você chegou aqui, é porque quer tomar o controle de sua vida. Nada é mais importante que esse objetivo. Não importa onde você se encontra – se trabalha num escritório fechado, se seu horário de almoço é ao meio-dia ou à uma da tarde. Não importa se a lista que você faz toda noite, antes de dormir, sobre as coisas que estão erradas em sua vida, tem treze ou quinze itens. Se a sua vida profissional e aquilo que você realiza não provocam um sorriso sequer em seu rosto, quando o Sol se põe e tudo o que resta é esperar que o amanhã chegue, existe alguma coisa errada. A sensação de desânimo que domina o corpo todas as manhãs, como se você estivesse empacado no mesmo lugar, ainda que tente se movimentar a todo custo, sem evolução nenhuma, é um sinal de que algo precisa mudar.

Uma das piores sensações que se pode experimentar durante a vida é a tristeza e a depressão de vislumbrar a vida de outros. Olhar para alguém próximo e perceber que aquela pessoa chegou mais longe, voou mais alto e atingiu objetivos mais gratificantes, que melhor seria estar na pele de qualquer outra pessoa do que na sua. É perceber que sua vida dos sonhos envolve viajar para lugares exóticos do mundo, comer em restaurantes mais refinados e se divertir com mais frequência, sabendo que sua vida atual não possibilita nada disso. Pregado na cama, sem nenhuma vontade de se levantar para encarar segundas, terças, quartas, quintas e sextas-feiras, você parece esperar pela oportunidade de ouro, pelo golpe de sorte, pela mudança do oito para o oitenta e da água para o vinho.

Estamos falando de sorte, aqui. Aquela palavrinha na qual muitos comerciais de TV sobre loterias investem, junto das imagens que sempre correm por sua cabeça quando você, exausto da rotina, tenta fugir para algum recanto mental. Num piscar de olhos, durante o trânsito ou uma reunião cansativa, você está em outro país. Na Europa, talvez. Sua família sorri, você se diverte, não precisa se preocupar com a soma exata de dinheiro que terá para pagar as contas do mês e a vida parece leve, divertida, fácil. Tudo isso por causa da sorte, certo?

Errado. O conceito de sorte, sozinho, é falho e serve para nos iludir – o que acaba deixando alguém ainda mais à deriva da própria existência, da própria rotina. Sim, a sorte pode nos presentear, vez ou outra, com algumas vitórias. É possível, não posso negar, mas transformar o acaso em sua maior chance de sucesso é assinar seu contrato de fracasso.

Para ir além, é preciso trabalhar. Trabalhar duro, sabendo que cada gota de suor e cada momento difícil será recompensado no futuro – seja ele de curto, médio ou longo prazo. É desempenhar cada função de seu dia sabendo que suas horas precisam ser bem aproveitadas, que você não pode desperdiçar minutos preciosos com bobagens e que existem momentos certos para tudo na vida. Sem esse condicionamento, essa força de vontade e esse ímpeto de ir mais longe, você será apenas mais uma pessoa esperando o prêmio da Mega-Sena da virada de ano.

No entanto, você comprou este livro. Tudo indica que você não é esse tipo de pessoa – ou, caso se considerasse esse alguém, isso acabou de mudar.

Você, porém, não é apenas trabalho. Não é uma máquina criada para responder a ações e tarefas sem emoção, sem nenhum tipo de sentimento ou alegria. Não é para obter felicidade que trabalhamos, afinal de contas? E é exatamente por isso que tão importante quanto o esforço e o trabalho duro é se divertir com aquilo que norteia sua vida.

O mercado da Bolsa de Valores é um lugar que recebe dezenas de milhares de operadores. A maioria deles vem de uma formação acadêmica complexa e o motivo de estar ali, em todas as bolsas que existem ao redor do mundo, é uma: a profissão. Se você participar de grupos ou fóruns de discussão sobre a Bolsa de Valores, precisará penar muito para encontrar alguém que afirme estar ali apenas por prazer. Pessoas assim existem, mas são como aqueles lances inacreditáveis do futebol:

difíceis de encontrar. A maior parte desses operadores que trabalha por prazer o faz utilizando a técnica de especulação, que se resume de uma forma muito simples: a sorte e o acaso guiam cada uma de suas atitudes e ações.

Não é isso que você encontrará nas próximas páginas deste livro. Sorte, para mim, é apenas uma palavra que ilude e confunde.

Diferentemente da Bolsa financeira, o mercado de trading esportivo não tem muitos profissionais. Ele é, ao contrário do que falamos acima, cheio de gente que está ali por puro prazer. Gente viciada em apostar, em sentir a adrenalina de largar dinheiro nas mãos do acaso. Os profissionais do trading esportivo, ainda que esse mercado comece a ganhar mais notoriedade com o passar do tempo, são raridades – aqueles lances lindos que vemos na TV, em finais de grandes campeonatos europeus.

Novamente, é importante repetir: não falaremos de sorte aqui.

Você conhece o time do Barcelona que venceu a temporada 2014/2015 da UEFA Champions League? Acredito que sim, uma vez que deve ser um apaixonado por futebol. Esse esquadrão, considerado por muitos um dos melhores times que já jogou bola na história do esporte, nunca contou com a sorte. A estratégia do Barcelona, outrora liderado pelo genial espanhol Josep "Pep" Guardiola, envolvia um fundamento básico do esporte: a posse de bola. Para obtê-la, era preciso treinamento. Um jogador que chegava ao time como um novato, por exemplo, precisaria de meses de treino para aprender o posicionamento dos seus companheiros, até chegar ao ponto em que poderia passar a bola para eles de olhos fechados. Com um trabalho levado a sério, muita disciplina e objetividade, o Barcelona venceu três Champions League em sete anos.

Isso não seria possível apostando na sorte. Além de treinamento, é importante dizer, isso também tem a ver com adaptação. Na atual temporada, o Barcelona trocou de técnico – Pep Guardiola foi para o Bayern de Munique, enquanto o ex-jogador Luis Henrique assumiu o comando do time catalão. Numa readaptação, o elenco encontrou uma maneira um pouco diferente de jogar, mas ainda mantendo a base criada por Guardiola. No reencontro de time e ex-técnico, o primeiro levou a melhor.

Isso não seria possível, de novo, apostando na sorte.

O mercado do trading esportivo é atraente, sedutor e apaixonante. Dá a possibilidade de lucrar com uma paixão mundial – minha paixão, sua paixão: o futebol. Mais que isso, porém, é uma profissão que merece atenção, estudos e dedicação como qualquer outra – talvez até mais, visto que trata de algo que mexe tanto com o emocional do brasileiro e pode ser facilmente confundido com um mercado de apostas, coisa que não é.

Mas, cá entre nós... O que é, de fato, o trading esportivo? Para explicar isso de uma maneira mais resumida, é preciso voltar um pouco e entender como funciona o mercado da Bolsa de Valores.

Imagine uma grande empresa como a Coca-Cola, por exemplo. Seu valor não depende apenas do lucro direto que ela recebe pela venda de seus refrigerantes e a razão entre aquilo que ela fatura e seus gastos com funcionários, prédios construídos, campanhas de marketing, transporte, distribuição e acordos com supermercados e outras empresas. Ela tem um valor de mercado, na Bolsa de Valores. Esse valor de mercado é traduzido em ações que, por sua vez, podem ser compradas e vendidas por operadores da Bolsa – e até por pessoas com outros empregos, que entendam um pouco do mercado.

Essas ações podem ganhar ou perder valor. Isso acontece, agora sim, graças a fatores externos – desde a especulação do mercado até o número de vendas (quanto maiores as vendas, mais valorizadas ficam as ações) e possíveis polêmicas nas quais a empresa possa se envolver (o que pode desvalorizar as ações, deixando-as mais baratas), entre outros fatores.

E o que isso tem a ver com futebol? Muita coisa.

O trading é, em regra, uma série de transações feitas antes e durante jogos de futebol, nas quais é possível englobar todos os tipos de resultados – vitórias, empates, derrotas, placares e outros detalhes específicos do jogo – e negociar essas "ações" com outras pessoas que também estão investindo naquele momento. Ao contrário de uma casa de apostas, nas quais a única ação que você pode fazer é investir em uma simples possibilidade – o time A vai vencer, os times vão empatar, o time B vai perder – e a conversa acaba aí, o trading esportivo dá a possibilidade de negociar seus investimentos minuto a minuto – mais, na verdade: segundo a segundo. Como você deve saber – pois presumo que, se tem este livro em mãos, é tão apaixonado pelo esporte quanto eu –, o futebol é, com o perdão do clichê, uma grande equação que envolve muitos fatores. Da disposição do time à fase do campeonato, passando por estratégias de técnicos, o peso de jogar dentro ou fora de casa, a necessidade de um resultado mínimo em uma partida eliminatória. É possível deliberar o dia inteiro sobre o que faz do futebol um esporte tão peculiar, mas isso não será necessário agora. O que você deve saber, aqui, é que trabalhar com trading esportivo está muito longe de fazer uma aposta.

Se na Bolsa de Valores ocorre a variação no preço das ações, na bolsa de futebol as variações que ocorrem têm relação com as probabilidades de resultados dos jogos, como, por exemplo, qual time ganhará ou quantos gols o jogo terá, de acordo com seu andamento (explicado com detalhes posteriormente). Esclarecido isso, é hora de lhe contar como eu vim parar nesse mundo.

A resposta é simples: eu trabalhava no mercado de ações. Isso começou em Uberaba, em uma feira de exposições. Aos 17 anos, resolvi visitar o lugar e descobrir o que acontecia por lá. Uma vez dentro, encontrei estandes de diversas empresas – não necessariamente ligadas a gado, o tema principal da ocasião. Por fim, eu me deparei com informações sobre uma corretora de ações. Curioso, perguntei como aquilo funcionava e, depois de receber uma breve explicação que envolvia a necessidade de estudo, levei alguns folhetos para casa e comecei a pesquisar na internet. O universo era fantástico e esse estalo me puxou para o mercado. Isso aconteceu em 2004, quando visitei o estande, e comecei a investir em 2005.

Em 2007 eu já havia me profissionalizado no mercado de ações, ano em que um grande amigo descobriu o mercado de trading de futebol ao pesquisar em fóruns da internet. Sua primeira impressão foi importante: o mercado se diferenciava das apostas esportivas, era possível fazer certas operações e obter lucro. Seu problema, porém, era entender a lógica das probabilidades e se dar conta do porquê, ao fechar uma operação, seria possível ter lucro. Em sua visão, os números da bolsa de futebol não faziam sentido. Como eu já era profissional de ações e (continuo sendo) maluco por futebol, daqueles que "jogava bola" todos os dias na infância, com aqueles gols feitos de chinelo ou tijolo, fiquei encantado com a possibilidade e aceitei o convite de explicar esse mercado para meu colega. Ao conhecê-lo, eu me apaixonei. Eu já gostava de fazer aquilo com ações, e vislumbrei a chance de, em vez de analisar empresas, partir para jogos de futebol. Pude unir a paixão de trabalho com a paixão de lazer. Foi fantástico – e eu espero que você também tenha essa mesma sensação. Estou aqui para guiá-lo nessa jornada que, assim como esse mercado, terá trechos muito ligados à profissionalização do trading e outros que lhe mostrarão como isso também pode (e deve!) ser divertido.

Seja bem-vindo à sua nova vida.

CAPÍTULO 1

Digamos que, hipoteticamente, você odeie seu trabalho e ame futebol

Dá para saber se você gosta ou não da vida que leva hoje pelos primeiros quinze minutos de seu dia. Já parou para pensar nisso? Da próxima vez que você acordar numa típica segunda-feira, pare para analisar seu comportamento. Observe a forma como você sai da cama, os pensamentos que correm por sua cabeça e, mais importante de tudo: seu ânimo.

Muitas pessoas sentem como se um caminhão estivesse em cima delas nesse tipo de situação. Saber que o dia será longo e que a insatisfação e a frustração serão a tônica das próximas horas é precisar ser muito mais forte do que o necessário para enfrentar um simples ciclo de trabalho. Aprendemos que trabalhar é sair da cama muito cedo, gastar muito tempo no trânsito – esteja você preso no congestionamento ou passando sufoco no transporte público – e torcer para que o dia acabe logo, sempre lançando olhares de desespero para o relógio.

Nesse tipo de situação, chegar a casa parece uma bênção que acaba depressa, no instante em que a realidade bate à porta: amanhã vai ser igual. Mesmas cobranças, mesma insatisfação, mesmas olhadas no relógio e a mesma falta de vontade de sair da cama. O travesseiro e os cobertores não parecem aconchegantes apenas porque estamos saindo de uma noite em geral maldormida: é pela falta de motivação para encarar o dia.

O fim de semana chega e as mazelas dão uma folga. Você pode descansar, rever os amigos, tomar uma cerveja e, claro, assistir futebol. Como bom brasileiro, você cresceu voltado para esse universo – seja nas peladas de infância, nas discussões que travava no colégio, seja até na vida adulta, indo a estádios ou assistindo aos jogos no sofá de sua casa. Independentemente da fase de seu time, da humilhação na Copa do Mundo ou da insatisfação no trabalho, o futebol sempre está lá. Passado o possível sonho de se tornar uma estrela do mundo da bola, porém, ele só aparenta servir como uma forma de descontração – e muitas vezes como uma verdadeira fuga do mundo real.

Quando você olha para a frente, vivendo nessa situação, o que vê? É provável que se depare com o mesmo emprego de sempre – ou, no máximo, outro trabalho com a mesma função – e uma jornada muito cansativa rumo à aposentadoria. É isso que queremos, no fim das contas, certo? A tal independência financeira.

A notícia que você lerá a seguir pode ajudá-lo a mudar o rumo de sua vida – e assumir as rédeas dela: você pode aliar futebol à sua vida profissional. Chegou a hora de encontrar a energia que o fará saltar da cama enxergando mais beleza por onde passar, com ânimo para evoluir e marcar o gol mais bonito da história.

Antes de chegarmos lá, porém, é importante falar sobre independência financeira – que, de maneira rápida e simples, significa ter fontes de renda que não dependam de seu trabalho direto, garantindo o sustento e lhe dando, assim, tempo livre para exercer qualquer outra atividade que seja de seu interesse. Ainda não entendeu? Pense assim: aquilo que você ganha com seus investimentos é igual ou superior às suas despesas. Mais simples ainda: o dinheiro trabalha para você.

Não, trabalhar com trading em investimento esportivo não lhe dará independência financeira diretamente – você precisa operar para ganhar dinheiro, afinal. O ponto é que, com esses recursos, você pode investir em uma (ou mais) das formas de atingir essa independência citadas a seguir:

- Empreendimento: ter um negócio próprio em que não seja necessária a presença do empreendedor em tempo integral;

- Imóveis: adquirindo imóveis para alugar;
- Aplicação financeira: ações, caderneta de poupança, CDB, Títulos Públicos, entre outros;
- Direitos autorais sobre obras;
- Aposentadoria: contratando um plano de previdência;
- Entre outras incontáveis formas, que não serão detalhadas aqui, para não tirar o foco do livro.

Se o seu objetivo com trading esportivo é atingir essa independência, seu lucro deve ser transferido para uma dessas opções – conseguindo, assim, renda passiva. Também existe a possibilidade, claro, de utilizar os próprios lucros no trading para aumentar seu rendimento mensal – e, com experiência, esse trabalho pode se transformar em sua única fonte de renda. Sim: você pode viver por causa de futebol, mas, para chegar lá, é importante investir parte desse lucro em cursos para se aprimorar – desde educação financeira até outros cursos, tudo isso é importante para ir mais longe.

Independentemente de seu objetivo, uma coisa é certa: tenha uma renda de segurança (também conhecida como colchão de segurança). Gerações passadas guardavam dinheiro debaixo do colchão, e é mais ou menos isso que você deve fazer. Despesas emergenciais, dado o nome, não avisam quando vão aparecer. Um problema de saúde que não é coberto por seu plano de assistência médica pode surgir do nada, seu emprego fixo – e não importa quão chato seja, ele lhe paga determinada quantia todo mês – pode desaparecer e esse tipo de coisa acontece com mais frequência do que se imagina. A forma de calcular esse valor é simples: multiplique suas despesas mensais pela quantidade de meses que você deve gastar para conseguir um trabalho que lhe gerará a renda anterior de volta.

Exemplo: uma pessoa com 2 mil reais de despesas mensais, que levará cerca de seis meses para conseguir um novo emprego para receber a mesma quantia, deverá ter um colchão de segurança de 12 mil reais. Essa quantia deverá ficar em um investimento com bastante liquidez e em um plano que permita retirar o dinheiro a qualquer momento.

Usar o trading como fonte de renda ou como objetivo de independência financeira é o melhor que você pode fazer para si mesmo. Uma frase de Nietzsche resume essa ideia: "Nunca é alto demais o preço a pagar pelo privilégio de ser dono de si mesmo". E sua hora chegou.

O poder dos juros compostos

De modo diferente do investimento em imóveis de que falamos há pouco, porém, trabalhar com trading lhe dá outro tipo de lucro. No mercado imobiliário, aquilo que você ganha chega para você e a transição acabou. Com o trading esportivo, entretanto, é possível trabalhar em cima de juros compostos.

Você não sabe como isso é importante? Existe um boato de que perguntaram a Albert Einstein, certa vez, sobre a força mais poderosa do universo. Sem titubear, o homem que mudou o século passado respondeu: juros compostos. Ainda em suas palavras, eles são a oitava maravilha do mundo. E a diferença desses investimentos é simples: com ações normais, geralmente se compram lotes de cem. Se a sobra de seu investimento não for suficiente para comprar um lote, ela fica parada (a não ser que você compre ações fracionárias, mas isso é incomum para quem já é veterano no mercado). No trading esportivo, porém, você consegue utilizar a quantidade exata de dinheiro que quiser. Ele também lhe dá a possibilidade de multiplicar seu dinheiro de forma mais eficiente que os imóveis, pois, além dos juros compostos, pode utilizar todo o dinheiro que quiser, inclusive os centavos. Quando investe em imóveis, por exemplo, comprando um para ter uma fonte de receita graças ao aluguel, você recebe juros simples, não é possível utilizar os valores recebidos para reinvestir naquele imóvel e propiciar mais retorno sobre o aluguel. Com operações em esportes, você pode utilizar essa força tão poderosa a seu favor – e se ainda não conhece essa força tão poderosa, faça uma simulação acessando este site: http://investimentofutebol.com/juroscompostos.

No simulador acima citado, há quatro variáveis: valor presente, prazo, taxa de juros (compostos) e valor futuro. Você deve ter três variáveis para o site calcular a quarta. No primeiro item, você deve escolher o que quer calcular. Nos outros itens, basta preencher os campos e clicar em "calcular".

Exemplo 1: tenho 300 dólares com um rendimento de 3% por operação. Em quanto tempo conseguirei transformar esse dinheiro em mil dólares, com o trading esportivo? No primeiro item, clique em "prazo" uma vez que o prazo é a variável que queremos saber, pois temos as outras três variáveis em mãos, que são: juros (3), valor presente (300) e valor futuro (1.000). Clique em "calcular". A resposta é 40, ou seja, bastam 40 trades para atingir meu objetivo.

Exemplo 2: se eu tenho 10 mil reais hoje e eles me rendem 2% ao mês, quanto terei daqui a vinte anos? No primeiro item, clique em "valor futuro". No prazo, coloque 20 anos. Na taxa, 2%, no valor presente 10.000 e clique em "calcular". O resultado é exatamente 1.158.887,35 reais. Mais de 1 milhão de reais.

Essa é a força dos juros compostos.

Para o exemplo acima, criei uma tabela que mostra o montante acumulado ao longo dos anos:

Anos	Investimento	Juros	Montante
01	10.000,00	2.682,42	12.682,42
02	12.682,42	3.401,95	16.084,37
03	16.084,37	4.314,50	20.398,87
04	20.398,87	5.471,83	25.870,70

Anos	Investimento	Juros	Montante
05	25.870,70	6.939,60	32.810,30
06	32.810,30	8.801,10	41.611,40
07	41.611,40	11.161,92	52.773,32
08	52.773,32	14.156,01	66.929,33
09	66.926,33	17.953,24	84.882,57
10	84.882,57	22.769,05	107.651,62
11	107.651,62	28.876,67	136.528,29
12	136.528,29	36.622,60	173.150,89
13	173.150,89	46.446,31	219.597,20
14	219.597,20	58.905,15	278.502,35
15	278.502,36	74.705,97	353.208,32
16	353.208,32	94.745,23	447.953,55
17	447.953,55	120.159,86	568.113,41
18	568.113,41	152.391,76	720.505,17
19	720.505,17	193.269,60	913.774,77
20	913.774,77	245.112,58	1.158.887,35

Observações:

- O investimento foi de 10 mil reais. No primeiro ano, houve rendimento de 2.682,42 reais (2% ao mês). Portanto, no fim do primeiro ano, temos um montante de 12.682,42 reais.
- No fim de cinco anos (25% do prazo), acumulamos apenas 2,83% do montante pretendido.

- No fim de dez anos (metade do prazo), temos 9,29% do objetivo.
- No fim de quinze anos (75% do prazo), temos apenas 30,48% do desejado.

Portanto, ao fazer seu plano financeiro de longo prazo, não se esqueça do poder dos juros compostos, nem de que eles demoram certo tempo para mostrar resultados concretos.

Prós e contras do trading esportivo

Antes de continuarmos, preciso avisar uma coisa – especialmente em um mundo que tenta pregar uma realidade inatingível, segundo a qual todos nós merecemos uma vida perfeita, sem nenhum tipo de dificuldade, desafio ou problema: a vida de um trader esportivo, assim como a de qualquer outro profissional, tem seus prós e contras. Não existe – e você pode ter certeza disso – uma profissão que só conte com coisas boas. Até em seu trabalho dos sonhos – que pode ser este, como você vai descobrir pelos próximos capítulos – existirão problemas que precisarão ser colocados na balança, analisados com calma e resolvidos com objetividade. No fim das contas, encarar as coisas boas e as ruins de um trabalho tem a ver com maturidade: é olhar para uma lista que divide cada um dos benefícios e dos ossos do ofício e, depois de gastar certo tempo consigo mesmo, concluir se vale a pena seguir nesse caminho ou não.

Esses são alguns dos prós de trabalhar com trading esportivo:

- Trabalhar com o que você gosta: não existe ponto mais positivo que esse. Para grande parte das pessoas, a possibilidade de fazer aquilo que gosta é limitada por um fator determinante: a obrigatoriedade de ganhar dinheiro para sobreviver. Vale lembrar o caso de Steve Jobs, fundador da Apple e uma das mentes mais brilhantes e bem-sucedidas de nosso tempo. Diz a história que o norte-americano e Steve Wozniak, seu sócio, planejavam vender cem placas de circuito para uma loja local de informática no estado da Califórnia, mais precisamente na cidade de Mountain View. Qual era o objetivo deles? Acumular mil dólares. Jobs chegou à tal loja, descalço, e ofereceu as placas. O empresário dono do estabelecimento recusou-as, mas disse que gostaria de adquirir cinquenta computadores completos – absoluta novidade na época. Qual seria o preço de cada máquina? Quinhentos dólares. Com o acordo fechado, nasceu a Apple Computer.

Sem saber muito bem o que estava acontecendo ali, Jobs acabou no meio da perseguição do sonho de ser bem-sucedido. E você já parou para pensar por que comprou este livro? Cada página que você está lendo, cada momento de clareza que invade sua mente e o faz pensar: "Sim, é isso que eu estava procurando"! Às vezes não sabemos o que está prestes a acontecer, então precisamos agarrar as oportunidades. Você se lembra daquele exemplo, algumas páginas atrás? De alguém que acorda sem a mínima vontade de sair da cama, entediado e desmotivado com o trabalho que acontece todos os dias da semana – às vezes até aos sábados e domingos?

Vamos fazer uma simples conta para exemplificar como uma rotina que parece normal pode ser desgastante. Primeiro vamos considerar um emprego normal, com carteira assinada, geralmente de oito horas de trabalho por dia, com uma hora adicional para o almoço. Totalizamos, então, nove horas em uma empresa, escritório etc. Considerando que é difícil encontrar alguém que more perto do trabalho, graças à falha estrutural dos grandes polos, que cria cidades-dormitórios e mantém os grandes comércios e escritórios no centro da cidade, podemos fazer uma estimativa e considerar que uma pessoa leva em torno de uma hora para chegar ao trabalho – seja no cansativo transporte público, seja no caótico trânsito das cidades brasileiras. Temos, então, onze horas dedicadas ao simples ato de trabalhar.

Também sabemos que uma pessoa precisa dormir uma média de oito horas por dia para ter um sono saudável. Como alguém que tem uma rotina dessas quase nunca consegue oito horas de sono, podemos descontar uma e ficamos, então, com sete horas, totalizando dezoito horas gastas no dia. Se adicionarmos uma hora para o jantar e o banho diário, são dezenove. Quantas horas sobraram? Cinco.

Isso significa que, no fim de uma semana normal de trabalho, gastamos 95 horas (3,9 dias) com funções básicas e automáticas. A essa altura do campeonato, é praticamente desnecessário apontar que trabalhar com o que você gosta é fundamental não apenas para ser feliz durante as horas do emprego, mas para lidar com os outros fatores da vida. Basta parar e analisar momentos de sua existência em que problemas de trabalho afetaram sua vida pessoal.

Imagine a seguinte situação: você está passando por um período de pressão no trabalho, numa época de corte de gastos (em especial, considerando a crise econômica) e precisa mostrar resultados. Ainda assim, a equipe com a qual trabalha não parece bem preparada e tampouco motivada. Sua cabeça começa a se encher de preocupações. Ao mesmo tempo, em seus círculos sociais e familiares, algum ente querido está passando por problemas e você está estressado demais para lidar com isso. Com pouco tempo e muitas preocupações, não sobra nenhum momento para encontrar seus amigos e deixar a mente ficar um pouco tranquila. De repente, tudo virou uma bola de neve. Quando estamos sobrecarregados e desmotivados com nossas funções profissionais, é como se o resto dos nossos problemas ficassem ainda mais difíceis de resolver. Nebulosos, confusos, mais complicados. Nossa energia parece se esgotar lentamente, enquanto uma solução fica cada vez mais distante. Se você gosta da ideia de ser trader esportivo, trabalhar com isso é eliminar qualquer possibilidade de estar insatisfeito com trabalho.

Vejamos alguns prós:

- Meritocracia: é de conhecimento comum que certos acontecimentos de nossa vida não são decididos por nós. Outras pessoas e outras situações externas podem influenciar – e muito – aquilo que acontece conosco. Isso é meritocracia – palavra que vem do grego e significa a união de *meritum* – mérito – e do sufixo *cracia*, que significa poder –, um sistema de gestão que considera o mérito, como aptidão, a razão principal para atingir uma posição confortável na vida. Isso significa que as posições hierárquicas são conquistadas com base no merecimento. Na meritocracia, nossas vitórias e nossas derrotas dependem apenas daquilo que decidimos fazer e realizar. O mercado de trading esportivo, então, acaba oferecendo a possibilidade de uma vida nas bases da meritocracia mais próxima a nós – e isso nos leva para o tópico a seguir.
- Não ter patrão: é hora de relembrar aquela frase de Nietzsche: "Nunca é alto demais o preço a pagar pelo privilégio de ser dono de si mesmo". O que isso significa de verdade? Minha interpretação favorita provém do seguinte raciocínio: independentemente de sua situação, vale analisar os riscos pelo benefício de viver uma vida independente. Gerações mais antigas, de nossos pais e avós, consideravam um cargo seguro em alguma empresa o maior sonho de uma vida. Estabilidade financeira sempre foi um objetivo claro da maioria das pessoas, guiadas por uma

vida cansativa e exaustiva. A figura do chefe, antes respeitada de maneira quase militar, passou a se tornar um problema para as novas gerações. Como representante da empresa na qual o indivíduo trabalha, o chefe pode, muitas vezes, apresentar-se como um grande impedimento para que consigamos alçar voos mais altos e ir mais longe. Ele espelha o corporativismo, o terno e a gravata, o ponto batido todos os dias às nove da manhã e às seis da tarde. É ele quem cobra resultados (às vezes de forma errada) e cria novas tarefas (às vezes desnecessárias). Esse é outro pró muito importante na vida de um trader esportivo: nessa profissão, você é seu próprio chefe. Além de não ter uma pessoa de quem você não gosta criando uma pressão prejudicial em sua vida, ser seu próprio chefe pode oferecer outro benefício muito importante em longo prazo: maturidade.

Pense comigo: se você é a única pessoa que pode cobrar resultados e números, precisa ter um controle emocional muito grande e desenvolver uma responsabilidade que, antes, era imposta a você. E isso não é tão fácil quanto as pessoas dizem ser, porque nós estamos acostumados a, quando longe de um ambiente corporativo e de um chefe, relaxar. Isso significa que, para ser bem-sucedido nessa profissão, você precisa ser o melhor chefe do mundo – e o melhor empregado do mundo. Difícil? Sim, porém muito mais interessante, divertido e gratificante do que ter outra pessoa mandando em você. Seu chefe é a figura que você vê todos os dias no espelho. Tenha orgulho dele – e faça por merecer esse orgulho.

- Trabalhar quando quiser, do jeito que quiser e onde quiser: um dos problemas que já citamos no primeiro tópico era o tempo que gastamos todos os dias para ir ao nosso "trabalho comum". Se você preferir evitar o trânsito caótico e ir de transporte público para o trabalho, precisará enfrentar hordas de pessoas tão igualmente apressadas – e que não vão se importar de viajar apertadas como sardinhas. Se sua opção for enfrentar o trânsito e assumir o volante de seu carro, o destino é certo: congestionamento. E, em geral, daqueles que lhe fazem sentir falta do ônibus ou do metrô. Trabalhar onde quiser é poder abrir seu notebook, buscar uma conexão de internet em qualquer lugar do mundo e lucrar. Mais que isso: seus horários só são afetados pelos jogos de futebol – não existem longas horas nas quais você não tem nada para fazer, mas precisa marcar presença. Sua maneira de trabalhar também cabe a você. Não precisa de terno, não é necessário fingir sorrisos para colegas chatos nem se preocupar com o valor de seu vale-refeição. São suas regras, pois é seu negócio. Você é chefe, empregado e departamento financeiro. Independência nunca soou tão bem, certo?

E contras:

- Não ter com quem dividir as novidades, os sucessos e os fracassos: se o excesso de sociabilidade no trabalho pode ser uma pedra no sapato de certas pessoas, tirando-lhes muitas vezes o humor com o passar do dia, a falta dela também pode ser complicada. Nessa profissão, você voa sozinho – e, apesar de voar mais alto, não tem a presença diária de outras pessoas que fazem a mesma coisa e estão ali para compartilhar tudo de novo, bom e ruim que acontece. Inteligência emocional é a chave, aqui, para lidar com esse tipo de coisa. Nessa hora, é importante buscar, nas chances que terá de trabalhar como quiser e onde quiser, ambientes que lhe oferecem pessoas queridas e próximas, mas que, ainda assim, respeitem seu trabalho e gostem daquilo que você faz. Ter isso à sua disposição é uma carta na manga, um trunfo que pode e deve ser utilizado sempre que possível. Uma das melhores coisas de trabalhar com o que você gosta é, afinal de contas, poder contar isso aos outros. Saber que alguém de quem você gosta está feliz com seu trabalho e que adoraria ouvir suas histórias também serve como outro incentivo para voar mais alto, ir mais longe e conquistar objetivos cada vez mais incríveis. Não, você não terá almoços ou festas com colegas de trabalho – uma vez que os outros traders, muitas vezes, estão em outras cidades, países e estados – e ninguém quer se juntar para tomar aquela cerveja durante um jogo, que é seu trabalho, certo? Ainda assim, você pode encontrar comunidades e fóruns sobre trading nos quais poderá discutir sobre estratégias e conhecer virtualmente pessoas que trabalham com o mesmo ramo que você – a principal comunidade on-line, inclusive, é gerenciada por mim e você encontrará mais informações sobre ela no material de apoio que será apresentado nas próximas páginas.

- O trabalho não tem regulamentação: trabalhar com trading esportivo não é ilegal – longe disso. O problema, porém, recai na não regulamentação da área. Em termos simples, isso significa que você não vai, de maneira nenhuma, tornar-se um "fora da lei" ao trabalhar com o trading – se isso fosse verdade eu poderia ser considerado um louco de lançar um livro sobre o assunto, certo? Mais que isso, estas páginas estariam sendo vendidas no mercado negro, e não em uma livraria, tampouco em sites. Ainda assim, não existe um sindicato que trabalhe ativamente e esclareça qualquer problema relacionado à área. Como a muitas das profissões on-line, o trading não é disseminado da forma como poderia ser – a maioria das pessoas, como já vimos lá atrás, faz isso por prazer e confunde análises de probabilidades com apostas e sorte. Essa falta de regulamentação pode gerar algum incômodo no começo, em especial para alguém que está acostumado com um trabalho "normal", de horas fixas, salário exato e confortos que parecem bons, mas só prendem mais a pessoa numa rotina exaustiva e que dá desânimo.

- Não há abatimento de Imposto de Renda (IR) com prejuízos: dentro do mercado acionário é possível minimizar alguns prejuízos com ações *day trade* (aquelas de compra e venda realizadas no mesmo dia, e não necessariamente nessa ordem) e normais (compra e venda em datas diferentes, também não necessariamente nessa ordem) abatendo o prejuízo para pagar menos Imposto de Renda. A própria Receita Federal esclarece em seu site que, para fins de apuração e pagamento mensal do IR em ações, os prejuízos acumulados nos meses anteriores podem ser descontados do lucro do mês atual, diminuindo a base de incidência do imposto. Depois de separar os dois tipos diferentes de ações, o trader do mercado de ações pode compensar o prejuízo que tiver quantas vezes quiser – segundo a Instrução Normativa RFB nº 1.022, não há um limite para isso. É possível utilizar o prejuízo em qualquer mês subsequente ao seu período de apuração, inclusive em anos seguintes. Dessa forma, o investidor pode manter o registro desse prejuízo indefinidamente até que haja algum mês em que seu resultado nas operações seja positivo.

- Há poucas pessoas no Brasil com quem trocar experiências: como você acabou de ler, estamos em um mercado pouco difundindo em nosso país – o sonho brasileiro, enraizado em nossa cultura, está mais ligado à obtenção de um cargo público, conquistado por meio de um concurso, uma das maneiras mais fáceis no campo burocrático de conseguir uma aposentadoria e uma posição fixa no mercado, especialmente considerando o surgimento de possíveis crises econômicas – sejam elas específicas no Brasil, sejam um resultado de crise global. Assim, você não vai encontrar uma pessoa num bar e, depois de alguns minutos de conversa e risadas, descobrir que ela, por coincidência, também trabalha com trading esportivo. Mais que uma simples coisa em comum, conhecer pessoas com a mesma profissão é uma boa forma de tirar dúvidas, comparar resultados e ganhar mais experiência. Nesse caso, é importante frequentar fóruns de trading esportivo e, disso, aprofundar-se cada vez mais na área. A não ser que seus amigos também se interessem pela profissão e entrem no mercado, você estará sozinho nessa e precisará confiar em seu taco – não com uma confiança cega, e sim com motivos. Você sabe que é bom, que entrou nessa para vencer e que nada vai derrubá-lo. Siga em frente.

⚽ Não é muito fácil ser trader no Brasil: enquanto países da Europa e alguns da América do Sul estudam a liberação do jogo, o Brasil não se move em relação à legalidade dessa situação. Existe uma cultura conservadora no Brasil em relação a qualquer coisa que possa envolver um jogo. Ainda que isso reflita certa hipocrisia de nossos governantes – reflexo, é preciso apontar, de nossa sociedade –, é sabido que não existem projetos vigentes para a liberação dessas atividades no país – o que significa que é mais difícil ser trader no Brasil que na Argentina, no Uruguai ou em países da Europa. Ainda assim, esse é um fator que pode deixar de existir em médio ou longo prazo, em especial se considerarmos que certas tendências desaparecem à medida que mais pessoas entram em um mercado – a preocupação deixa de ser o preconceito e se cria uma necessidade jurídica e fiscal. Muitos brasileiros enxergam o mercado de trading como um lugar de apostas, e mesmo que não seja isso, acaba sendo malvisto. O brasileiro é preconceituoso em relação a esse mercado e, ironicamente, parece gostar de seu trabalho exaustivo e que lhe causa desânimo. Isso, na verdade, é apenas um reflexo de como nós somos condicionados a não tomar as rédeas de nossa vida. Como a palavra sugere, o preconceito vem antes da sabedoria, do conhecimento e da informação. Para sua sorte, você está mergulhando nas páginas de um livro que visa, mais que apenas lhe ensinar sobre o trading esportivo, mostrar como pode ser lucrativo – não apenas financeira, mas mentalmente – e como tomar o controle do próprio destino. Mais que isso: tomar o controle fazendo algo com que você se diverte, com um assunto que ama: futebol.

Esse é, em geral, o momento da verdade. Existe uma lista de prós e contras à sua disposição, e cada item pode mexer com você de maneira diferente. São necessárias cabeça fria e inteligência emocional nesse momento para responder a uma simples pergunta: você quer ser um trader esportivo? Coloque cada um dos itens na balança. Compare sua vida atual com o futuro que você pode ter, com cada uma das opções: tornar-se um trader ou manter sua vida atual. Se você sentir que o caminho a seguir é de um operador, parabéns. Com disciplina e atenção, você está prestes a ter o trabalho mais legal – e um dos mais rentáveis – dentre todos os seus conhecidos. Isso, porém, não vem fácil. Depois de tomada a decisão, é necessário se aprofundar no tema para ir cada vez mais longe. E é o que começaremos a fazer a partir de agora.

CAPÍTULO 2

Qual é seu perfil?

Ser um trader esportivo não é para qualquer um. Um dos perfis que mais gosto de traçar nessa profissão é o de alguém que, primeiramente, quer trabalhar com isso de verdade. Gostar de futebol, por exemplo, é algo quase intrínseco no Brasil. Pelo menos de quatro em quatro anos, como sabemos, o país inteiro para e se reúne para um único evento: a Copa do Mundo. A paixão por futebol de um trader, porém, precisa ir além. A pessoa que deseja trabalhar com isso de verdade é aquela que vê, no futebol, um assunto que pode ser discutido por horas a fio. Alguém que não apenas sabe a regra do impedimento, mas que consegue até prever esse acontecimento antes de o bandeirinha levantar a bandeira – ou dos comentaristas da TV narrarem o acontecido. É alguém que se diverte assistindo às mesas redondas da hora do almoço e do final de semana. Que fica atento às notícias dos times nacionais e europeus, sempre interessado nas novidades do mundo da bola.

Mais que isso, é alguém que está decidido. Titubear é uma palavra que não pode estar no vocabulário de um trader, considerando que suas decisões – que às vezes precisarão ser tomadas em poucos segundos – influenciarão diretamente seus lucros e seus prejuízos – e ele não terá chefe para quem se desculpar ou empregados para culpar. Aqui, o bem e o mal cabem só a ele. Também imagino alguém que tem, como outra paixão, o conhecimento. Esse não é um mercado simples, de "sim" e "não". Para se profissionalizar, não basta lidar apenas com tentativas, erros e acertos. É necessário estudar e aprender sobre esse mercado. Alguém que não leve isso em consideração, afinal de contas, poderá entrar no trading achando que será um mundo fácil e cheio de glórias, e acabar tão desanimado quanto estava no emprego anterior.

Se você chegou a este capítulo, porém, é sinal de que já percebeu que sua real vontade é a de transformar a própria vida, sabe que seu caminho é diferente do que está trilhando agora e que este é, sim, o seu lugar.

Chegando a esta página do livro, é muito provável que você já tenha pensado com seus botões que seu atual desejo é o de total transformação da própria vida. De assumir o controle dela, sabendo que seu caminho é outro – mais agradável, mais divertido e mais rentável. Se você sabe que pode aprender uma nova profissão e ganhar uma renda extra, este é seu lugar.

Este novo capítulo – do livro e de sua vida – exige "sangue nos olhos"; desejo de voar alto e ir cada vez mais longe.

Também é importante ter afinidade com números.

Você não precisa ser um matemático formado, ter cursado Administração ou nascido para fazer cálculos. Ainda assim, a base dessa profissão envolve a análise de questões relacionadas a números – se uma probabilidade está aumentando ou diminuindo, se você está lucrando ou tendo prejuízo e como o mercado está se comportando etc.

Preciso lhe dar uma notícia que você já deve saber: não existe método milagroso para ganhar dinheiro. Sabe aqueles anúncios de TV que prometem mudanças milagrosas? Seja uma cadeira de exercícios, uma pomada hidratante ou um xampu que pode fazer maravilhas com o seu cabelo em apenas uma semana de lavagens? É tudo mentira. A vida é um lugar duro, difícil, onde todo mundo quer vencer. A dura realidade é uma só: nem todo mundo vence. Mais que isso: sem esforço e dedicação, é impossível vencer. O que existe é dedicação, trabalho duro e concentração. Sem esses três fatores essenciais, só contamos com a sorte – e isso é inadmissível para alguém que deseja prosperar, vencer e ir mais longe.

Saiba, porém, que as recompensas para todo esse trabalho duro nessa área são praticamente ilimitadas. Lembra-se de quando falamos sobre meritocracia e como é bom obter suas vitórias por seu desempenho, sem que outros influenciem naquilo que você faz? É a isso que nos referimos. Estamos falando daquele momento em que você, satisfeito com todos os seus ganhos, pode levar sua família para uma viagem ao exterior sem se preocupar com o retorno para casa. Imagine que você foi para a Inglaterra, por exemplo. Poderá conhecer o Big Ben, visitar os estádios que sediam os maiores jogos da Premier League – o Old Trafford, casa do Manchester United; o Emirates Stadium, do Arsenal; o Anfield, casa do Liverpool e o Stamford Bridge, lar do Chelsea. Depois de fazer todo esse passeio, comer fish and chips – tradicional aperitivo britânico – e treinar bastante seu inglês, possivelmente acompanhado de um ou outro pint de cerveja inglesa. Na hora de voltar para casa, qualquer outra pessoa que tem um emprego regular que parece sugar toda a alegria da vida se encontraria numa fase de quase depressão no fim da viagem, sabendo que sua rotina massacrante estaria de volta em apenas alguns dias.

Isso não acontece com alguém que ama e se diverte com aquilo que faz. No fim da viagem, na hora de voltar para sua terra natal, sua vida de trader esportivo o estará esperando. Jogos continuarão acontecendo, você voltará a estudar técnicas para melhorar ainda mais suas estratégias e a vida continuará sorrindo. Além disso: quem disse que suas viagens precisam ter uma data exata para acabar? Como falaremos mais à frente de forma mais detalhada, ser um trader esportivo permite que você trabalhe do lugar que quiser. Deu vontade de fugir de Londres e ir conhecer as belezas de Paris, a cidade do amor? Sem problemas. Com um notebook e conexão com a internet, seu escritório pode ser o lugar que você quiser. A poltrona do avião, o quarto do hotel, o café perto da Torre Eiffel.

Acredito que você já tenha percebido que eu não ensino (nem existe) método milagroso de ganhar dinheiro. O que existe é muito estudo e trabalho. Saiba, porém, que as possibilidades de ganho nesse mercado são ilimitadas.

Cada um deve traçar a própria estratégia, de acordo com sua segurança no trading. E cada pessoa sabe quantas horas tem disponível para estudar e trabalhar nesse mercado.

Cada estratégia dará a você um retorno diferente em longo prazo. No entanto, é muito mais fácil se você ler isso pelas palavras de quem vive o trading esportivo. Separei dois depoimentos importantes para exemplificar essa questão.

Como a história de um dos alunos, Moreno Sesti, que largou o estágio e conseguiu ter uma renda fixa, seis meses depois de passar pelo meu treinamento, de 7 a 10 mil reais. Ele enviou depoimentos para o site *Investimento em Futebol* (<http://www.investimentofutebol.com>) em que fala sobre como se realizou nesse mercado, por ser um ofício prazeroso de fazer e que oferece felicidade. Também destacou que, para um apaixonado por futebol, é um mercado incrível para estar – não só pelos motivos óbvios, mas por poder participar do espetáculo de certa forma, além de ter cada vez mais certeza de entender realmente o que está acontecendo em um jogo. E, no que diz respeito à vida profissional, poder se afastar da necessidade de ganhar dinheiro a qualquer custo.

Já Alessandro Villela ainda tem uma renda fixa, trabalhando na área de telecomunicações de uma multinacional. Sua incursão nesse ramo é recente, e o retorno financeiro já aconteceu – diferentemente do que o próprio Villela imaginava, uma vez que o aluno acreditava que o retorno demoraria um ou dois meses para acontecer depois do meu treinamento. A metodologia aplicada, porém, fez a diferença, propiciando um trabalho mais rentável, já nas primeiras semanas, com menos risco.

Você deve estar se perguntando qual o valor possível de obter em um jogo. Lembra-se da final da UEFA Champions League da temporada 2014/2015? Barcelona contra Juventus, com um placar de 3 × 1 para os espanhóis. Esse jogo teve 46 milhões de dólares que transitaram durante o pré-jogo e os noventa minutos com acréscimos. Sim, você leu certo: quarenta e seis milhões de dólares. Minhas operações, com termos que você ainda vai entender no decorrer do livro, podem ser exemplificadas da seguinte maneira:

Aos 45" do segundo tempo, o Barcelona ganhava de 2 × 1 e com a posse de bola. A Juventus, assim como a maioria dos times europeus e ao contrário dos times sul-americanos, não foi para cima, não foi para o tudo ou nada, não fez o famoso "abafa", não foi "irresponsável" como muitos sul-americanos, o que gerou uma oportunidade de investimento com o domínio de bola do Barcelona, uma vez que a Juventus não faria um contra-ataque rápido para tentar surpreender.

O Barcelona ficou com o domínio de bola, e aos 45" do segundo tempo a chance de ele ganhar estava em 93,5%. Como a Juventus não demonstrava reação, fiz um investimento (trading) a favor do Barcelona, que estava com a bola no campo de ataque, investindo 1.200 dólares. Depois de um minuto de pressão do Barcelona, a probabilidade de o Barça ganhar subiu para 96%. Vendi meu investimento por 1234,62 dólares e tive 34,62 dólares de lucro.

Nesse dia, o dólar estava em 3,12 reais, ou seja, 108,01 reais de lucro em apenas um minuto, sem correr riscos, uma vez que o Barcelona mantinha a posse de bola. Esse foi o último trading daquele jogo, das nove operações que fiz, que me garantiram 1.348,22 reais nos noventa minutos de jogo.

Outro exemplo que pode ajudar a entender o funcionamento desses investimentos nos faz voltar para a quinta rodada do Brasileirão, no jogo entre Fluminense e Coritiba, em 4 de junho de 2015, realizado no Maracanã. A análise pré-jogo permitiu observar um ótimo momento do Flu, que vinha de uma vitória convincente contra o rival Flamengo por 3 × 2 – ainda que o time não seja primoroso. O Coritiba, por sua vez, havia perdido três dos quatro jogos disputados, vencendo apenas o Grêmio em um momento de desorientação dos gaúchos – parte importante da análise foi reparar que a defesa do Coritiba se mostrava muito frágil.

Os primeiros minutos exibiram um jogo morno, sem grandes chances, mas com domínio do Fluminense. Como o ataque do Coxa aparecia ruim, lento, investi CONTRA o time em questão. Nesse caso, se ninguém fizesse gol, eu seguraria o investimento e fecharia com lucro. Nesse tipo de investimento que fiz, meu lucro aumenta devagar com o passar do tempo – ainda com o placar em 0 × 0.

Investi um total de 1.900 dólares, colocando 300 a 400 dólares a cada cinco minutos. Se nenhum gol fosse marcado eu fecharia o intervalo com lucro de aproximadamente 38 dólares. Se o Flu fizesse gol, eu teria um lucro de cerca de 5% sobre meu investimento. Eu só teria prejuízo se o Coxa fizesse gol e meu investimento ainda estivesse aberto, mas como estava assistindo ao jogo, percebi que essa possibilidade era muito improvável. Mais: se o Coxa fizesse um contra-ataque, eu fecharia minha posição para não correr riscos. Aos trinta minutos a defesa do Coxa falhou e o Flu, com passe de Fred, abriu o placar. Com o aumento das probabilidades, fechei a operação com um lucro de 147,05 dólares, aproximadamente 464,68 reais. Depois disso, fiz mais uma operação no segundo tempo, no mercado de Under (termo que será explicado depois), finalizando o jogo com lucro de 704,84 reais.

E agora, já decidiu se o futuro de trader é para você?

CAPÍTULO 3

O mercado financeiro

Agora que você está mais perto de entender o mercado do trader financeiro, devemos dar um passo atrás. Imagino que você pode estar com pressa, querendo avançar etapas e descobrir como transformar esse ofício em algo rentável – seja para a obtenção de renda extra seja para, num futuro (de curto, médio ou longo prazo), dedicar-se apenas a essa profissão.

Levar as coisas passo a passo, porém, já serve como uma lição para você: no trading esportivo é preciso ter calma na maioria de suas decisões. Isso pode parecer contraditório, uma vez que o trading acontece durante o jogo – e o valor dos investimentos para determinados resultados pode ser alterado graças a lances específicos. Justamente por isso, porém, é preciso ter calma: tomar uma decisão baseada no imediatismo pode significar perda de dinheiro, e toda uma boa estratégia jogada fora.

As Bolsas de Valores foram criadas na Europa, no século XII, com o objetivo de centralizar as operações do mercado de capitais. Em suma, elas são um tipo de feira onde se realiza a compra e venda de ações. E o que são ações? Títulos que representam pequenas partes do capital de uma empresa.

Quem não é especialista e quer investir na Bolsa precisa passar por um caminho um pouco árduo: primeiramente é necessário recorrer ao fundo de ações, administradores de carteiras de títulos em nome de pequenos investidores. Em seguida, na ordem de garantir a segurança das operações, a instituição será subordinada à Comissão de Valores Mobiliários (CVM), entidade pública que é gerida por recursos próprios (apesar de ser vinculada ao Ministério da Fazenda e sujeita à fiscalização do governo), a quem cabe disciplinar e controlar o mercado de capitais. O preço das ações, no início, é fixado pela CVM, mas pode oscilar a cada momento, dependendo da percepção do mercado em relação àquela empresa – lembra-se do exemplo que você leu no início deste livro sobre polêmicas e grandes eventos? Vejamos um simples exemplo para deixar as coisas mais claras.

Quando Steve Jobs deixou o comando da Apple, em agosto de 2011, em um cargo que ocupava desde 1997, as ações da companhia sofreram uma pequena baixa, e analistas de mercado interpretaram esse acontecimento como uma boa oportunidade de compra, imaginando que as ações logo se valorizariam de novo, gerando lucro para novos compradores. Mais que isso: representava o fim de uma incerteza. Tendo em vista que ninguém sabia até quando o executivo permaneceria no comando – posição que foi passada, então, para Tim Cook –, muita especulação acontecia. Meses depois, mais especificamente em 5 de outubro de 2011, Jobs morreu e as ações da empresa voltaram a sofrer uma ligeira queda – uma baixa de 0,36%, o que fez com que cada ação da Apple fosse negociada por 376,80 dólares.

Com Tim Cook no comando, porém, as coisas não ficaram piores. Ele lançou o iPhone 4S e o iPad 3, e os investidores continuaram a adorar a Apple e a comprar suas ações. Do período da morte de Steve Jobs até o início de 2012, num tempo de aproximadamente seis meses, as ações da empresa chegaram a subir 60%. Segundo o que disseram alguns analistas na ocasião, isso não abalou tanto a companhia porque Steve Jobs era o rosto público da Apple, mas uma só pessoa não faz uma empresa. Na época, a Reuters fez uma pesquisa com 54 analistas. Deles, 47 recomendavam a compra ou a forte compra dos papéis. Cinco indicavam a manutenção, enquanto dois estimulavam a venda – o que, *grosso modo*, significa 47 a favor, 5 neutros e apenas 2 contra. E não é necessário ser um expert nos números para perceber a vitória massiva de quem era a favor.

Podemos concluir, assim, que a arte do investimento na Bolsa de Valores se resume na famosa frase "comprar na baixa e vender na alta". O significado disso é que o investidor deve acompanhar atentamente a rede de influências que comanda essa valorização de títulos, que pode flutuar (e muito!), indo desde o desempenho da companhia em particular até as tendências do mercado em todo o mundo. E qual é a diferença entre o mercado de ações e o trading esportivo?

Um bom exercício para começar a entender essa diferenciação é pensar nas mudanças de rumo que um jogo de futebol sofre.

Imagine que o Barcelona vai jogar contra o time mexicano Chivas, em uma das etapas do Mundial de Clubes. A primeira análise é simples: o Barcelona é muito superior. Um detalhe que escancara essa conclusão é que, se você pedir que fãs de futebol citem ao menos seis jogadores do Barcelona, eles farão isso com facilidade. Lionel Messi, Neymar Júnior, Luis Suárez, Javier Mascherano, Daniel Alves e Iniesta. Se você pedir para os mesmos fãs citarem ao menos dois jogadores do Chivas, não obterá tanto sucesso assim. Isso significa que a "empresa" Barcelona é muito bem valorizada, pois alguns de seus principais recursos (jogadores) estão em alta, encontrando-se entre os melhores de suas respectivas posições no futebol atual – assim como a Apple é considerada uma das empresas mais confiáveis, inovadoras e rentáveis do mercado. Até aí, temos condições parecidas. A diferença começa a aparecer quando o juiz dá a apitada inicial.

A frase "o futebol é uma caixinha de surpresas" já caiu no senso comum e precisa ser analisada com muito cuidado. Ainda que parte dela esteja correta, uma vez que certos aspectos do futebol são imprevisíveis – quem diria que a Alemanha marcaria sete gols contra o Brasil, com a seleção canarinho jogando em casa, numa Copa do Mundo? Ainda assim, esse tipo de resultado é uma exceção perto de uma regra que invalida a frase que abriu este parágrafo: o futebol pode surpreender de vez em quando, sim. Na maioria das vezes, porém, ele pode ser previsto se analisado corretamente.

Para comprovar essa tese com mais veemência, vamos continuar analisando o Mundial de Clubes realizado anualmente pela Fifa. Na fase principal do torneio, quatro clubes se enfrentam nas semifinais e, por conseguinte, dois brigam pelo título. Dois times são considerados grandes – o vencedor da Libertadores e o da Champions League – enquanto outros dois são os famosos "azarões".

Desde que um novo formato foi implementado pela entidade máxima do futebol, em 2000, tivemos onze edições do torneio e em apenas duas delas um desses dois times não esteve presente na final – previsivelmente, quando dois times brasileiros foram eliminados ao subestimar seus adversários. Foi o caso do Internacional, que em 2010 perdeu do Mazembe por 2 × 0 – da República Democrática do Congo, campeão de catorze títulos nacionais, cinco Copas do Congo e duas Supercopas realizadas no país – e do Atlético Mineiro, que em 2013 perdeu de 3 × 1 do Raja Casablanca, onze vezes campeão do campeonato marroquino e hexacampeão da Copa do Marrocos. Desnecessário dizer que os times europeus que chegaram à final do Mundial – Inter de Milão e Bayern de Munique, respectivamente – venceram a final por 3 × 0 e 2 × 0. Assim, temos onze edições realizadas e as mesmas onze edições vencidas por um dos dois favoritos.

Isso significa que certas tendências do futebol podem ser analisadas e previstas com maior precisão (a fase das semifinais do Mundial, por exemplo), enquanto outras precisam de uma análise durante o jogo – como as finais do mesmo torneio em pelo menos nove das onze edições. Lidar com esse tipo de situação não é aposta: é conhecimento. E não é apenas entendendo de futebol que se pode ir longe. Certas ferramentas dentro do trading esportivo vão ajudá-lo – e muito – nisso.

Entender como o mercado de trading esportivo funciona é perceber que traders profissionais observam os jogos e *Odds*, aguardando a oportunidade perfeita para investir, enquanto amadores investem em tudo o que aparece pela frente. Nunca é demais repetir: só ganha quem tem conhecimento, disciplina e leva a coisa a sério. Como levar a sério? Sabendo que o objetivo das operações é ganhar dinheiro. Muitas vezes, na empolgação com o novo jogo, traders perdem o objetivo de vista.

Se um acontecimento negativo – como um gol contra o time no qual você está investindo – acontece, os minutos seguintes maximizarão o prejuízo. Existem dois caminhos a seguir, nesse caso:

1. Considerando que investiu dinheiro em uma operação que parece dar errado, você hesita e pensa se deve ou não mudar sua rota. O revés, porém, o deixou abalado. Emocionalmente afetado, fica difícil tomar qualquer decisão – e as opções, graças a seu desequilíbrio, parecem ainda mais arriscadas. Você se sente inseguro e prefere arriscar a sorte no próprio jogo, torcendo para que o time investido consiga reverter a atual situação, mesmo sabendo que, a cada minuto, essas chances estatisticamente diminuem. Sem nada a fazer, você cruza os dedos e observa, enquanto seu lucro diminui cada vez mais, tornando-se prejuízo.
2. Um revés é normal, faz parte do jogo. Se todos os investimentos fossem dar certo, ninguém ganharia um dólar sequer nesse mercado. Você sabe disso porque estudou, buscou se aprimorar e parte do processo é saber lidar com imprevistos. Você tem um plano em mente, uma estratégia que já está preparada caso ocorra algo inesperado. Antes mesmo de o mercado caminhar para o lado negativo, você se posiciona depressa e ativa o plano de fuga – que difere muito de um "plano B", uma vez que sua diretriz não vai mudar completamente, só se adaptar.

O trader da opção 1 falha. O trader da opção 2 tem sucesso. É simples assim. Operadores maduros são calmos e flexíveis, sabem lidar com acontecimentos imprevistos e rotas de fuga possíveis. Os mercados de risco seduzem os operadores gananciosos, e as vítimas prediletas do mercado são os indisciplinados, os favoritos para o fracasso que gostam de mostrar "grandes oportunidades". Evite armadilhas conhecendo o mercado e traçando boas estratégias. Para ser um trader de sucesso você precisa assumir total responsabilidade pelos resultados de todas as suas operações. Culpar os outros por seus prejuízos funciona da mesma forma que no mundo off-line: os problemas continuam existindo e você só parece um covarde por estar fugindo da responsabilidade. Assim, assuma que precisa aprimorar seus planos de operação e sua gestão do dinheiro. Sim, isso custará tempo e disciplina. Os ganhos, porém, são muito maiores que isso. Tenha em mente, também, que quando estiver operando não haverá ninguém para impedi-lo de suas decisões, sejam elas boas, sejam elas ruins. Você pode traçar a operação mais destrutiva possível, não haverá ninguém para pará-lo. Tenha autocontrole e o céu será o limite.

A ansiedade também é fator determinante em diversas situações: o time no qual você está investindo acabou de fazer um gol. O que fazer? Fechar a posição ou esperar para lucrar mais? Podemos pensar o contrário, também: o time menos favorito acabou de marcar e você começa a ter prejuízos. Começa a ficar nervoso e procura fazer outras operações para reduzir seus prejuízos. A adrenalina vai a mil! Os mercados, sejam eles de trading esportivo, ações ou commodities, são muito empolgantes! E, justamente por isso, é preciso se acalmar um pouco. Ganhos a longo prazo só acontecem para pessoas que dispõem de disciplina e discernimento.

Esse controle emocional, tão importante em todos os aspectos de nossa vida, mas de extremo valor no trading esportivo, tem ligação direta com o fato de que prejuízos virtuais (caso você ainda não tenha fechado a operação) podem ser revertidos – ou fechados, caso você enfrente o risco de perder ainda mais dinheiro se não fizer o *cash out* de uma vez.

Para recapitular e unir todos esses pontos importantes, encare três fatores como os mais fundamentais para o sucesso, uma vez que você sabe que vai desenvolver disciplina e conhecimento:

- Estratégia: você não está jogando dados ou tentando adivinhar se uma moeda vai exibir cara ou coroa quando jogada para o alto. Aqui é necessário procurar a melhor tática e a melhor proteção para, respectivamente, maximizar seus lucros e reduzir seus prejuízos.
- Controle emocional: está nervoso? Respire fundo. Sua boca está seca? Tome um gole de água. Suas mãos começaram a tremer? Feche os olhos e conte até dez. Durante um jogo no qual você está operando, deixar que a emoção tome conta é como começar a jogar notas de dólar pela janela. Imagine que você está dirigindo um carro na estrada e, de repente, um engavetamento acontece a duzentos metros à frente. Na atual velocidade de seu carro, essa distância é muito pequena e você precisa tomar uma atitude rápida. A estratégia vem à sua cabeça graças à experiência como motorista e ao fato de você ter procurado se aprimorar, realizando cursos de direção defensiva – ou apenas se tornando um bom motorista. Ainda que sua cabeça pareça estar funcionando bem, suas mãos congelam e você sente o instinto de fechar os olhos. Isso só vai aumentar suas chances de se envolver no acidente. No trading esportivo não adianta "surtar" e perder o controle. Faça uma leitura fria do jogo para tentar minimizar possíveis prejuízos o mais depressa possível.
- Dinheiro: esse fator é simples – e quase cruel –, mas imensamente verdadeiro: nos tradings esportivos, assim como em qualquer mercado de renda variável, quanto mais se tem, mais se ganha.

Não podemos negar, a esta altura do campeonato, que sorte e azar existem. Em nenhum momento deste livro, por exemplo, neguei que esses fatores podem surgir durante sua vida como um trader esportivo. Ainda assim, estatisticamente, uma boa análise pode reduzir – e muito! – as chances de o azar influir de maneira drástica em suas escolhas, suas decisões, seus investimentos e suas estratégias. Essa é uma das chaves para tornar seu negócio lucrativo em longo prazo. Por exemplo: considere que um time conta com um jogador muito importante, mas que se lesiona com grande frequência. Se você deixa esse pedaço da análise de lado e investe muito no clube em questão, um golpe do azar pode fazer com que esse jogador se machuque no início do jogo e desfalque o time, o que pode render uma derrota. Nesse exemplo, contamos com azar e falta de preparo, uma vez que em uma análise mais completa esse fator seria levado em conta e o investimento possivelmente não seria tão alto ou repentino.

Deixando o azar e indo para a sorte, por outro lado, um trader profissional deve ignorá-la sempre que possível. Uma boa análise vence a sorte mais caprichada. Se você não fechar seu investimento na hora certa, esperando que a sorte multiplique seus dólares, pode acabar tendo grandes prejuízos – e até ir à falência. A mesma coisa funciona com a intuição, uma forma de conhecimento que está em todos nós, mas dificilmente pode ser explicada ou definida. Nessa área é vital justificar cada uma de suas operações, para que o investimento seja feito com segurança – e para que você esteja certo da atitude que está tomando. Se uma operação não pode ser justificada, então não deve ser feita. Confiar na intuição para fazer operações pode levá-lo ao abismo.

Um exemplo que define bem a importância de encarar esse mercado com atenção, sem se valer de sorte ou acaso, envolve o jogo São Paulo e Joinville, pela terceira rodada do Campeonato Brasileiro, realizada em 23 de maio de 2015. A fase do time da capital paulista não era das melhores, mas ele não estava em crise. Um forte meio-campo e ataque com Paulo Henrique Ganso, Michel Bastos, Alexandre Pato e Luís

Fabiano era capaz de fazer gols no Joinville e levar o time do Morumbi à vitória. Unindo isso ao fraco desempenho do Joinville, em especial fora de casa (pelo menos até essa rodada do campeonato), imaginava-se uma vitória fácil para o SPFC.

Para aumentar as chances de vitória do São Paulo, nas rodadas anteriores o Joinville havia sido totalmente dominado pelos times que enfrentou (Fluminense e Palmeiras) e ficara cinco jogos sem marcar um único gol, mostrando pouca criatividade ofensiva. Então, montei uma estratégia que levava em conta que, se o São Paulo começasse a pressionar sem marcar gols, investiria a favor do São Paulo, colocando dinheiro aos poucos. Se o Joinville roubasse a bola e se aproximasse da área, eu fecharia a posição antes de o time visitante fazer um gol. Assim que a partida teve início, investi 180 dólares na vitória do São Paulo, vendo que este time tinha 68,50% de chances de ganhar o jogo. Nos dez primeiros minutos, o São Paulo pressionou muito e teve três chances claras, não inaugurando o placar por detalhes. Resolvi colocar mais 200 dólares e assim que fiz o investimento, o São Paulo abriu o placar, com Dória, de cabeça. A probabilidade de o time do São Paulo ganhar aumentou para 84,7%, momento em que finalizei minha operação com um lucro de 98,28 dólares. O dólar nesse dia custava 3,18 reais, ou seja, meu lucro em reais foi de 312,53.

Nesse jogo ainda fiz mais quatro operações no segundo tempo, fechando o dia com um lucro de 941,15 reais.

Tudo isso resume um pensamento específico de alguém que tem uma cabeça de investidor. Alguém que sabe que, ainda que você não esteja dedicando todo o tempo de sua vida ao trading esportivo, não está lidando com apostas, como uma pessoa que vai a uma casa lotérica, escolhe seis números aleatórios e cruza os dedos, esperando se tornar um milionário. Estamos falando de uma profissão à qual eu, você e outras pessoas ao redor do mundo se dedicam, muitas vezes até como principal fonte de renda. Ter a cabeça de investidor é levar o que você está fazendo a sério. Alguém que faz isso não deixa seu time do coração influenciar suas decisões durante um jogo que envolve trading. Sabe que isso não é uma brincadeira ou distração, uma vez que implica dinheiro. Não é um videogame *single player*, no qual você joga contra um computador ou inteligência artificial com respostas pré-programadas. Esse jogo é *multi player* e precisa ser encarado como tal. No mercado de ações, é razoavelmente difícil ganhar dinheiro em comparação com o futebol. Além de falar dos percentuais, em ações existem mais profissionais que no trading de futebol. No trading de ações, a maioria das pessoas faz seguidas análises e investimentos baseados em algo. Você investe em ações contra outras pessoas que estão estudando – e muito. No mercado de futebol, a maioria das pessoas se encontra ali por lazer – por torcer e ter o time do coração lá, ou até o rival. O mercado está caminhando para uma mudança, mas até que ela ocorra podemos considerar que existem pouquíssimos profissionais no mercado. Considere que quem está investindo contra você está especulando, e tome isso como um incentivo para estudar mais, especializar-se e ir mais longe. Essa é a cabeça do investidor, que enxerga uma clara janela de oportunidade e a aproveita. Esse é um mercado aberto, que espera que as pessoas se profissionalizem – e, assim, é um mercado muito rentável.

CAPÍTULO 4

A iniciação

O grande momento chegou. Do início do livro para cá, já tivemos uma pequena jornada para desbravar tudo o que está em volta do trading financeiro: a análise de uma rotina de trabalho comum, o mercado financeiro e a Bolsa de Valores, o que realmente acontece na vida de um trader, a importância do controle emocional, e muitos outros detalhes. Agora que você já está pronto – e já tem uma noção mínima daquilo que pode ajudá-lo a obter uma renda extra ou até a mudar de profissão, é hora de entrarmos de cabeça no trading esportivo.

A primeira coisa a fazer é trazer para você, leitor, uma boa surpresa: o trading esportivo que será ensinado aqui tem como foco o futebol – é o esporte no qual me especializei para trabalhar e a paixão nacional dos brasileiros. Ainda assim, os conceitos aplicados aqui, bem como o quesito psicológico da questão, são universais. Podem ser empregados em qualquer esporte – e existem, de fato, muitas modalidades aplicáveis ao mercado de investimento esportivo: tênis, basquete, vôlei, corrida de cavalos, golfe, futebol americano, e muitos outros.

As estratégias que você conhecerá aqui também podem ser aplicadas nesses esportes, basta uma adaptação relacionada às peculiaridades de cada competição. Essa é mais uma das grandes características positivas do trading esportivo: uma vez que você compreende o universo que ele abarca e todas as possibilidades que podem ser oferecidas a você, basta encontrar aquilo que mais lhe gera interesse e, claro, diversão. Não podemos esquecer, nem por um minuto, que só é feliz quem trabalha com aquilo que gosta de fazer. O que está acontecendo neste livro, página por página, é a abertura de uma porta que você não conhecia antes. Sem diversão só há estresse, e nenhum lucro pode pagar o desequilíbrio emocional e a perda de ânimo com uma profissão.

Analisando os grandes campeonatos

Sem mais delongas, é hora de falar de futebol. Sendo esse esporte algo tão importante em praticamente todos os cantos do mundo, é de suma importância entender que o mercado de trading deve ser encarado de diferentes maneiras em cada campeonato, considerando as peculiaridades de cada um. O mercado brasileiro, por exemplo, costuma ser evitado por alguns traders que consideram o futebol de nosso país muito imprevisível – o que é, sem sombra de dúvida, interessantíssimo para o espetáculo, o público, os comentaristas de TV e os veículos de comunicação que cobrem o esporte, mas pode se tornar uma complicação para quem deseja trabalhar com isso.

Para ilustrar minha afirmação é simples: basta analisar quais foram os últimos campeões do Brasileirão nos últimos 24 anos, considerando também a fase anterior aos pontos corridos, que teve início em 2003.

O Corinthians venceu cinco edições (1990, 1998, 1999, 2005 e 2011); o São Paulo, quatro (1991, 2006, 2007, 2008); o Cruzeiro, três (2003, 2013, 2014); Flamengo (1992 e 2009), Palmeiras (1993 e 1994), Vasco da Gama (1997 e 2000) e Santos (2002, 2004) venceram duas, e Botafogo (1995), Grêmio (1996), Atlético Paranaense (2001) e Fluminense (2010) venceram uma edição. Temos um total de 24 taças distribuídas entre onze times. Se essa diferença não parece grande para você, basta mudarmos de continente e analisar a situação da Europa.

Na Premier League (campeonato inglês), apenas seis times conquistaram a taça nos últimos 24 anos – e dois deles são azarões: o Leed United venceu a temporada 1991/1992 (diferentemente do Brasileirão, campeonatos europeus começam na metade de um ano e terminam na outra metade do ano posterior) e o Blackburn Rovers ganhou a temporada de 1994/1995. Depois disso, só houve espaço para times tradicionais: o clube ascendente Manchester City obteve os campeonatos de 2011/2012 e 2013/2014; Arsenal (1997/1998 e 2001/2002) e o também ascendente Chelsea (2004/2005, 2005/2006 e 2014/2015) têm três taças cada, e o gigantesco Manchester United (1993/1994, 1995/1996, 1996/1997, 1998/1999, 1999/2000, 2000/2001, 2002/2003, 2006/2007, 2007/2008, 2008/2009, 2010/2011 e 2012/2013) venceu a Premier League impressionantes doze vezes. Além desses grandes times, o Liverpool também desponta entre os importantes clubes ingleses, ainda que esteja "na fila" para um título nacional desde a temporada 1989/1990. Ainda assim, desde o período em análise, ele já venceu a Liga dos Campeões da UEFA (2004/2005), a Liga Europa da UEFA (2000/2001), a Supercopa da UEFA (2001 e 2005), a Copa da Inglaterra (1991/1992, 2000/2001 e 2005/2006), a Copa da Liga Inglesa (1994/1995, 2000/2001, 2002/2003 e 2011/2012) e a Supercopa da Inglaterra (2001 e 2006), num total de treze títulos. São esses, então, os gigantes ingleses, em um campeonato que não levanta tantas dúvidas sobre seu vencedor.

A mesma coisa acontece na Espanha, no campeonato mais badalado do mundo na atualidade. A Liga BBVA tem uma competitividade ainda maior. As últimas 25 edições do campeonato espanhol explicam isso com uma facilidade assustadora. Desde 1991, cinco times venceram as edições disputadas. Atlético de Madrid (1995/1996 e 2013/2014), Valencia (2001/2002 e 2003/2004) e Deportivo La Coruña (1999/2000), vinte títulos foram divididos entre Real Madrid (1994/1995, 1996/1997, 2000/2001, 2002/2003, 2006/2007, 2007/2008 e 2011/2012) e Barcelona (1990/1991, 1991/1992, 1992/1993, 1993/1994, 1997/1998, 1998/1999, 2004/2005, 2005/2006, 2008/2009, 2009/2010, 2010/2011, 2012/2013 e 2014/2015), com ampla vantagem para o time catalão, com treze títulos contra sete do clube de Madri.

Voltemos para o Brasil. Em nossa pátria amada, temos doze times grandes e quatro ou cinco times médios. Já provamos que nosso campeonato é muito mais imprevisível que as taças europeias, o que dá uma tônica de emoção muito forte à competição. Ainda que no início de cada Brasileirão a tabela pareça confusa, com grandes times abaixo da décima colocação (muito graças aos complicados calendários montados pela CBF), a tendência é que isso mude.

Com tudo isso em mente, fica mais fácil perceber que o mercado europeu é interessante para quem deseja trabalhar com investimentos mais seguros. Em uma partida entre Barcelona e Getafe, por exemplo, é muito mais interessante investir no Barça em momentos-chave do jogo, para que fiquemos pouco tempo expostos e não façamos nenhuma aposta, e sim o trading em momentos decisivos e seguros, que serão explicados neste e nos próximos capítulos.

Existem, porém, benefícios inegáveis no investimento no mercado brasileiro: basta entender que nós, brasileiros, dominamos o assunto – e muitos estrangeiros também investem aqui, ainda que não entendam perfeitamente a dinâmica do Brasileirão. Isso dá uma vantagem imensa aos traders brasileiros. O fuso horário diferente, porém, pode ser um problema: como a maior parte dos jogos que acontece no meio da semana é realizada na parte da noite, o volume financeiro não é tão alto – porque esse horário representa a madrugada europeia. Alguns jogos da Libertadores da América e do Campeonato Brasileiro, porém, movimentam um bom volume de dinheiro. Quem pensa que o fuso horário é o maior vilão da história, porém, se engana: estando no Brasil, podemos lidar com os melhores jogos para operar no meio e no final da tarde, porque é noite na Europa – o que significa que você não precisará trabalhar à noite para obter lucros. No final de semana a lógica é a mesma: há ótimos jogos no período da manhã e em toda a tarde, o que também comprova que estamos em um lugar muito privilegiado.

Mesmo dominando com muita vantagem os detalhes do Campeonato Brasileiro, é preciso ir além. Existem muitos sites e fóruns de investimento esportivo na internet, e eles podem ser utilizados para algumas pesquisas rápidas. Nunca, porém, para auxiliar em sua formação profissional. Tendo em vista que o Brasil detém tão poucos traders – o que abre uma janela para que você vá cada vez mais longe –, aproveite para procurar livros, cursos e trocar informações com quem você encontrar. Uma vez que essa profissão se tornar mais famosa e atrair mais pessoas, você já terá larga vantagem por ter se especializado antes de todo mundo.

Agora é hora de entender um dos motivos da demora da profissionalização do trading esportivo no Brasil: os termos legais.

Legalidade

O Decreto-lei nº 9.215 proíbe a exploração ou a prática de jogos de azar em todo o território nacional, como o conhecido jogo do bicho e as loterias não gerenciadas pelo governo:

> "**O presidente da República**, usando da atribuição que lhe confere o artigo 180 da Constituição, e
>
> Considerando que a repressão aos jogos de azar é um imperativo da consciência universal;
>
> Considerando que a legislação penal de todos os povos cultos contém preceitos tendentes a esse fim;
>
> Considerando que a tradição moral jurídica e religiosa do povo brasileiro é contrária à prática e à exploração de jogos de azar;
>
> Considerando que, das exceções abertas à lei geral, decorreram abusos nocivos à moral e aos bons costumes;
>
> Considerando que as licenças e concessões para a prática e exploração de jogos de azar na Capital Federal e nas estâncias hidroterápicas, balneárias ou climáticas foram dadas a título precário, podendo ser cassadas a qualquer momento:
>
> DECRETA:
>
> Art. 1º Fica restaurada em todo o território nacional a vigência do artigo 5º e seus parágrafos da Lei das Contravenções Penais (Decreto-lei nº 3.688, de 2 de outubro de 1941).
>
> Art. 2º Esta Lei revoga os Decretos-leis nº 241, de 4 de fevereiro de 1938, n.º 5.089, de 15 de dezembro de 1942 e nº 5.192, de 14 de janeiro de 1943 e disposições em contrário.

> Art. 3º Ficam declaradas nulas e sem efeito todas as licenças, concessões ou autorizações dadas pelas autoridades federais, estaduais ou municipais, com fundamento nas leis ora, revogadas, ou que, de qualquer forma, contenham autorização em contrário ao disposto no artigo 5º e seus parágrafos da Lei das Contravenções Penais.
>
> Art. 4º Esta lei entra em vigor na data de sua publicação.
>
> Rio de Janeiro, em 30 de abril de 1946, 125º da Independência e 58º da República."

Você não leu errado: essa norma data de 1946, mais de 69 anos atrás – décadas antes da invenção da internet, por exemplo. E, assim, ela não se aplica a investimentos e trading digital. As bolsas esportivas citadas neste livro, por exemplo, funcionam inteiramente em países nos quais o trading é legalizado. Operando on-line, a conta é simples: você não está fazendo nada ilegal. Seria proibido, segundo essa lei, se casas de trading esportivo funcionassem fisicamente dentro do Brasil. Ressalto que esta lei refere-se a jogos de azar, e, como afirmo em vários momentos deste livro, o trading esportivo é um trabalho que exige muito mais técnica e não depende da sorte, portanto não se encaixa nessa definição.

Se você, que mora aqui, realizar alguma operação de trading em um site/empresa situado na Inglaterra – caso do Betfair, site que é o foco central deste livro –, estará seguindo a legislação daquele país – e o trading lá é legalizado. Isso significa que pode respirar aliviado e continuar a devorar estas páginas: tudo isso está dentro da legalidade.

E você já parou para pensar sobre o porquê da proibição desse tipo de negócio no Brasil? É simples: para que os governos federal e estadual possam ter o monopólio. Essa proibição nada tem a ver com uma boa intenção da proteção da saúde financeira dos brasileiros – se fosse assim, loterias não existiriam. E elas existem.

A modalidade lotérica mais famosa no Brasil é a Mega-Sena, na qual o apostador escolhe seis números, de 01 a 60, e paga R$ 3,50[1]

[1] Valor da aposta simples na Mega-Sena em junho de 2015.

por eles. Os sorteios são realizados em dias fixos e o vencedor ganha 32,20% do valor arrecadado. As somas costumam ser altíssimas, passando da casa dos milhões, mas você sabe qual é a probabilidade de ganhar na Mega-Sena? Exatamente uma em 50.063.860. Uma chance em cinquenta milhões, sessenta e três mil, oitocentos e sessenta. Suas chances, em percentuais, são de 0,0000019%.

E não acaba por aí. Se for de seu interesse, você pode marcar até quinze números numa mesma cartela, aumentando suas chances para uma em 10.003 – ou seja, 0,009997%. Para apostar quinze números, basta pagar uma quantia de 17.517,50 reais. Isso mesmo, mais de 17 mil reais! E essas apostas não são apenas permitidas, como incentivadas pelo governo.

Veja, abaixo, as probabilidades e os valores gastos para apostar na Mega-Sena (retirados do site da Caixa Econômica Federal – CEF):

Quantidade de nº jogados	Valor de aposta	Probabilidade de acerto (1 em)		
		Sena	Quina	Quadra
6	3,50	50.063.860	154.518	2.332
7	24,50	7.151.980	44.981	1.038
8	98,00	1.787.995	17.192	539
9	294,00	595.998	7.791	312
10	735,00	238.399	3.973	195
11	1.617,00	108.363	2.211	129
12	3.234,00	54.182	1.317	90
13	6.006,00	29.175	828	65
14	10.510,50	16.671	544	48
15	17.517,50	10.003	370	37

A CEF também possui três loterias de futebol: Loteca, Lotogol e Timemania.

Na Loteca, você aposta em catorze jogos diferentes, escolhendo os vencedores (e a possibilidade de empate). Observe a figura abaixo:

Jogo	Coluna 1	X	Coluna 2	Data
1	PALMEIRAS/SP		CORINTHIANS/SP	DOM
2	BOAVISTA/RJ		FLAMENGO/RJ	DOM
3	VERANÓPOLIS/RS		INTERNACIONAL/RS	DOM
4	VILLA NOVA/MG		CRUZEIRO/MG	DOM
5	VITÓRIA/BA		BAHIA/BA	DOM
6	ATLÉTICO/PR		PARANÁ/PR	DOM
7	SANTA CRUZ/PE		SPORT/PE	DOM
8	FIGUEIRENSE/SC		AVAÍ/SC	DOM
9	ATLÉTICO/GO		VILA NOVA/GO	SÁB
10	GAMA/DF		CEILÂNDIA/DF	DOM
11	CEARÁ/CE		FERROVIÁRIO/CE	DOM
12	BOTAFOGO/SP		SÃO PAULO/SP	DOM
13	SANTO ANDRÉ/SP		SANTOS/SP	SÁB
14	FLUMINENSE/RJ		BOTAFOGO/RJ	DOM

Estimativa de Prêmio (Loteca)*

R$ 1.700.000,00

*para este concurso, a ser realizado em 07/02/2011

O valor mínimo da aposta é 2,00 reais[2] e você tem direito a marcar treze apostas simples e uma dupla. Você pode marcar até oito apostas simples e seis triplas, com uma despesa total de 364,50 reais. Caso você acerte todos os resultados, ganha 28% do valor arrecadado. Suas chances nessa modalidade são 1 em 2.391.485, ou 0,0000418%.[3]

Os dois exemplos acima servem para ilustrar que a saúde financeira e um possível vício de investidores não é aquilo que mantém o decreto-lei supracitado funcionando até hoje. A ideia é, como já pudemos perceber, concentrar o dinheiro em sistemas do próprio governo.

---

[2] Valor da aposta na Loteca em junho de 2015.

[3] Valor acessado em 17 de junho de 2015, no site <http://tinyurl.com/nn9m3ex>.

E o mais importante para a Receita Federal, no fim das contas, é que você declare seus ganhos na sua declaração de Imposto de Renda.

Agora que já se sente seguro o suficiente para continuar, é hora de conhecer o site que se tornará muito familiar para você a partir de agora: o da Betfair.

A *Betfair*

A primeira coisa a saber é que existem duas categorias de site nesse universo: casas de apostas e bolsas esportivas. E, entre elas, uma diferença imensa: nas casas de apostas, você aposta que determinado resultado acontecerá – e joga contra a casa. Confira o exemplo abaixo, retirado de uma casa de apostas comum:

Serie A	1	x	2
24.07 21:00 São Paulo - Internacional	2.05	3.35	3.30

O jogo em questão, São Paulo × Internacional, traz o time paulista jogando em casa (e, por isso, representado pelo número 1) contra o visitante (2). Os números nos quadros cinza significam as probabilidades – que, chamamos aqui de *Odds*. O cálculo para entender a probabilidade de o São Paulo ganhar é simples: basta dividir o número 1 por aquele exibido ali. No caso de vitória, com o simples cálculo de 1 ÷ 2,05 = 0,48, percebemos que segundo a casa de apostas a probabilidade de vitória do São Paulo é de 48%. Nesse mesmo exemplo, fazendo os mesmos cálculos, podemos perceber que a probabilidade do empate é de 29% e as chances de vitória do Internacional são de 30%.

A soma de 48 + 29 + 30 resulta em 107 – e sabemos, graças à Matemática básica, que o total deveria ser 100. Essa diferença (7) se chama *Overround*, que é o lucro das casas de apostas. E é por isso que apostar, no médio e no longo prazos, só é lucrativo para as casas, que possuem boa vantagem em relação aos apostadores (nesse caso, de 7%, mas o *Overround* pode ser maior, chegando a até 12%, dependendo do jogo). As casas de apostas precisam de certa vantagem para cobrir os prejuízos de curto prazo, além de possuírem diversas despesas. Entretanto, não fique com raiva, elas vivem desses números e da ganância financeira dos apostadores. Você só não deve entrar nesse jogo.

As *Odds* também mostram seu potencial de lucro. Para saber seu montante final, caso seu investimento seja vencedor, basta multiplicar o valor dele pelo valor da *Odd*. Supondo que você invista 100 reais a favor do São Paulo – e ele saia com a vitória –, você ficará com um montante final de 205 reais (100 reais investidos multiplicados pela *Odd* de 2,05: 100 × 2,05). Considerando que você investiu 100 reais, obteve um lucro de 105 reais. Caso o investimento de 100 reais seja feito no Internacional e os gaúchos saiam com a vitória, seu montante final será de 330 reais (100 × 3,30), ou seja, um lucro de 230 reais. Em qualquer dos investimentos acima, caso o resultado apostado não ocorra, você perde todo o dinheiro investido.

Nas casas de apostas, se você ganhar dinheiro, quem perde é ela (é a casa de apostas que paga seu lucro). Se você perder, seu dinheiro vai para a casa.

Nosso real foco aqui, porém, são as bolsas esportivas – mais especificamente a Betfair. A diferença entre ela e casas de apostas fica muito clara já na tela de investimentos. Observe os quadros cinza-claro e cinza-escuro:

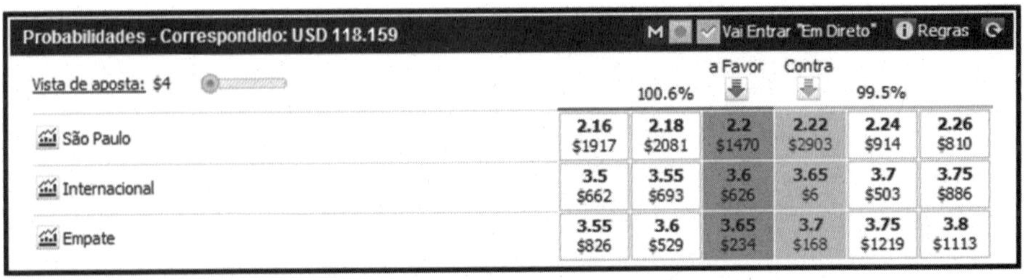
Probabilidades - Correspondido: USD 118.159 — M — Vai Entrar "Em Direto" — Regras

Vista de aposta: $4		100.6%	a Favor	Contra	99.5%	
São Paulo	2.16 $1917	2.18 $2081	2.2 $1470	2.22 $2903	2.24 $914	2.26 $810
Internacional	3.5 $662	3.55 $693	3.6 $626	3.65 $6	3.7 $503	3.75 $886
Empate	3.55 $826	3.6 $529	3.65 $234	3.7 $168	3.75 $1219	3.8 $1113

Na Betfair, os quadros cinza-escuro significam investimentos a favor (em inglês, *Back*), e os quadros cinza-claro significam os investimentos contra (em inglês, *Lay*).

Na prática, você pode investir a favor do São Paulo (vitória do São Paulo) e também contra ele (ou seja, empate ou vitória do Internacional) – e a favor ou contra os outros mercados. Outro exemplo: pode realizar um investimento a favor ou contra o empate (em inglês, *Draw*). Se você investir contra o empate e uma das equipes ganhar, o lucro é seu.

Observe que na Betfair os valores das *Odds* são superiores aos das outras casas. Se você quiser fazer um investimento simples a favor do São Paulo na Betfair, a *Odd* está em 2.20, (ou seja, um investimento bem-sucedido de 100 reais dá um retorno de 220 reais, 120 reais de lucro contra 105 reais da outra casa).

Além disso, pelos cálculos da Betfair e pelo mercado, a probabilidade de o São Paulo ganhar é de 45% (1 ÷ 2,20), a probabilidade do empate é de 28% e a vitória do Internacional aparece com 27% de chances. Somando 45 + 28 + 27, temos 100. A Betfair praticamente não possui *Overround* (ou, quando possui, é baixíssimo) porque, nas bolsas de esporte, você não joga contra ela, e sim contra outras pessoas. Nesse caso, a Betfair cobra uma corretagem sobre o seu lucro (no exemplo acima, a corretagem será sobre 120,00 reais), que varia de 2,6% até 6,5%; e mesmo assim, ainda é mais vantajoso usar o sistema deles. Em caso de prejuízo, não há taxa cobrada.

O funcionamento dos investimentos

Veja bem: nas bolsas de esporte você só consegue investir se, do outro lado, houver alguém fazendo o mesmo contra sua escolha. Um exemplo simples: se você investir a favor do São Paulo, do outro lado haverá alguém investindo contra o clube paulista. E vice-versa.

Na prática, veja as telas abaixo para aprender como fazer investimentos a favor:

Assim que eu cliquei no botão cinza-escuro para investir no São Paulo com *Odd* a 2,20, abriu-se uma janela com o valor da *Odd* para que eu pudesse preencher e a quantia que quero comprometer (em inglês, *Stake*).

Na janela aberta, marquei a *Odd* (probabilidade) a 2,20, escolhi comprometer 100 dólares (a Betfair não aceita o real, então estou utilizando dólares. Por causa disso, para preencher valores, coloca-se ponto em vez de vírgula). Note, no canto superior esquerdo, que se o São Paulo ganhar, terei um lucro de 120 dólares; se o São Paulo não ganhar, ou seja, vitória do Internacional ou empate, perco meu investimento de 100 dólares. Se eu quiser confirmar meu investimento, basta clicar no botão "Efetuar apostas" e depois, na próxima tela que aparecer, confirmar.

Para cancelar o investimento antes de confirmá-lo, basta clicar no botão preto "⊗" ao lado de "São Paulo".

E como investir contra?

Para fazer isso você deve clicar no botão cinza-claro referente ao time contra o qual quer investir (se quiser apostar contra o São Paulo, ou seja, vitória do Internacional ou empate), nesse caso o São Paulo – com a *Odd* exibindo 2.22. Em seguida você notará a exibição de um ícone com o texto "A tua responsabilidade" (em inglês, *Liability*). Você deve clicar nesse ícone, digitar quanto pretende investir e clicar em "OK" (no caso, o valor investido foi o mais próximo possível de 100 dólares). A Betfair calcula, então, quanto você lucrará se o São Paulo não ganhar o jogo. Nesse exemplo, se o São Paulo for derrotado (ou o jogo empatar), você perde 99,99 dólares (valor próximo de 100 dólares que foram investidos). Se o Internacional ganhar ou a partida terminar empatada, seu lucro será de 81,96 dólares (pois o investimento foi contra o São Paulo).

Observe a imagem abaixo:

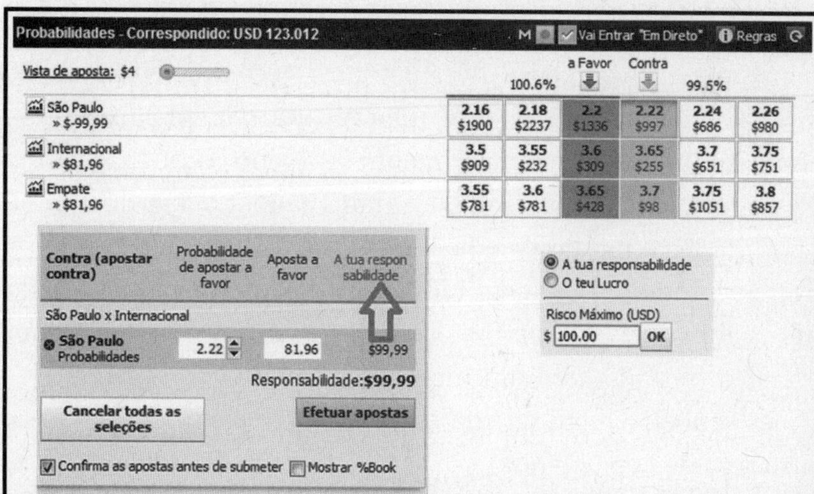

Por que, para investir contra, é preciso clicar em "A tua responsabilidade"? A resposta é simples: em investimentos contra, o valor da *Odd* não significa o mesmo que nos investimentos a favor.

Imagine uma *Odd* a 2,50. Para um investimento a favor, você deverá investir 1 dólar para lucrar 1,50 dólar, ficando com um montante de 2,50 dólares. O valor de 1 dólar é fixo. Outro exemplo: se a *Odd* estivesse em 4,00, você deveria investir 1 dólar para lucrar 3 dólares. Seu investimento sempre será de 1 dólar e o lucro será variável conforme a *Odd*.

Quanto maior a *Odd*, maior o lucro.

Com a mesma *Odd* de 2,50, para investir contra, é preciso colocar 1,50 dólar para ter um lucro de 1 dólar (o lucro também é sempre fixo). Se a *Odd* estivesse em 4,00, você deveria investir 3 dólares para lucrar 1 dólar. Quanto maior a *Odd*, maior o investimento.

E isso faz todo o sentido. Se a *Odd* está em 2,50, quem investe a favor põe 1 dólar para lucrar 1,50 dólar. Do outro lado, a pessoa investe 1,50 dólar para ganhar 1,00 dólar.

Um investimento é o oposto do outro justamente porque, na bolsa esportiva, a casa não se envolve, e sim os outros traders. É por isso também que na Betfair, para investir contra, você deve clicar em "A tua responsabilidade" e lançar o valor, uma vez que o lucro é fixo.

Imagine, agora, que o investimento será feito contra o empate (em inglês, *Lay Draw*). Ou seja, se um dos times ganhar o jogo, haverá lucro. Se a partida terminar empatada, haverá prejuízo. A *Odd* está em 3,70 dólares. Se a intenção de lucro for de 100 dólares, caso o São Paulo ou o Internacional vença a partida, será necessário um investimento de 270 dólares (ficando com um montante total de 370 dólares). Se um dos times ganhar, o lucro será de 100 dólares; se o empate prevalecer, o prejuízo será de 270 dólares.

Se, porém, a intenção for investir apenas 100 dólares contra, basta clicar em "A tua responsabilidade" e preencher o valor pretendido. Sem você clicar no ícone supracitado, digitando o valor de 100 dólares, o site entenderá que a intenção de lucro é 100 dólares. Quanto maior a probabilidade de um resultado, menor o valor da *Odd*. E, logicamente, quanto menor a probabilidade, maior o valor da *Odd*.

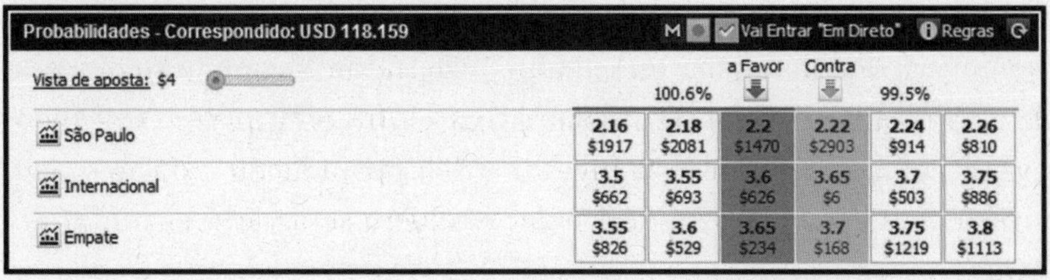

Observe o valor 118.159 dólares. Ele representa o total de dinheiro investido pelos traders nesse mercado. Jogos com pouco volume financeiro não são interessantes, pois não possuem muitos investidores.

O mercado em questão é o de probabilidades (em inglês, *Match Odds*). Esse é o mercado no qual se aposta quem será o vencedor, ou se o jogo ficará empatado. Existem outros, que serão explicados mais adiante.

Observe também os valores em dólares que aparecem abaixo das *Odds* (imagem acima). Eles estão esperando para ser correspondidos. Exemplo: você quer investir a favor do São Paulo e a *Odd* atual dele está em 2,20, com 1.470 dólares. Isso significa que você pode investir qualquer valor até 1.470 dólares e ela será correspondida automaticamente. Você também pode investir menos que 1.470 dólares. Se seu investimento for de 1.500 dólares, por exemplo, o valor de 1.470 dólares será correspondido e você precisará esperar que alguém invista a diferença (30 dólares) para que todo o seu dinheiro entre no mercado.

Quatro motivos são necessários para convencê-lo de que bolsas esportivas superam, e muito, casas de apostas:

- Bolsas esportivas possuem melhores *Odds*, ou seja, dão maior lucro.
- É possível investir contra.
- Há a possibilidade de aproveitar ao máximo os bônus oferecidos pelas casas de apostas (a ser explicado posteriormente).

- Permitem que façamos *trading*, ou seja, operações na bolsa esportiva de forma semelhante à Bolsa de Valores. Esse tipo de operação visa reduzir seu risco ou seu prejuízo, caso ocorra algum imprevisto.

Hora de se cadastrar!

E como começar? Antes de tudo, é importante que você digitalize seu documento de identidade (RG, CNH, Passaporte etc.) e um comprovante de endereço recente em seu nome (extrato bancário com seu endereço, fatura de cartão de crédito, conta de telefone celular etc.).

O próximo passo, depois de entender a Betfair, é se cadastrar na casa em questão. Acesse o site <http://investimentofutebol.com/materialdeapoio> para receber o link de cadastro atualizado com os melhores bônus de boas-vindas. No exemplo a seguir, observe o bônus de 30 dólares, conhecido como *Freebet*. Ou seja, caso você invista e tenha prejuízo no primeiro investimento, a bolsa lhe devolve o valor que você perdeu, limitado a 30 dólares. Acesse o link acima para receber o link de cadastro na bolsa e dicas sobre como aproveitar os bônus.

Dica: ao se cadastrar na Betfair, a bolsa pergunta qual moeda você deseja utilizar. Como ainda não existe a opção de cadastro em real, recomendo o dólar norte-americano (USD), que, entre as aceitas, é a moeda mais famosa para nós. No entanto, fique à vontade para utilizar outra moeda de sua preferência.

Depois de se cadastrar, você poderá enviar a documentação diretamente pelo site.

Você talvez esteja pensando em como fazer para enviar e receber dinheiro, e isso também não é um problema para nós. Antes de nos aprofundarmos no trading, é importante você aprender a fazer isso.

Vamos lá.

Existe uma carteira virtual, chamada Neteller, que atua como um intermediário, e é por meio deles que enviamos e recebemos dinheiro para a Betfair – e para qualquer outra casa de investimento. O fluxo do dinheiro funciona da seguinte maneira:

Sua conta bancária (ou boleto bancário/cartão de crédito) → Neteller → Betfair → Neteller → você.

Você transfere seu dinheiro para a Neteller, que então o transfere para a bolsa de investimento que investe seu dinheiro. Depois, quando você quiser retirar o dinheiro, transfere-o da casa (ou bolsa) para a Neteller e saca o valor desejado. Muito simples!

Acesse o site <http://www.neteller.com/> para se cadastrar na Neteller, ou <http://www.investimentofutebol.com/materialdeapoio> para receber todo o material de apoio, incluindo o link de cadastro.

Dica nº 1: no topo da página, você pode mudar a linguagem do site.

Dica nº 2: ao escolher a moeda de cadastro, recomendo utilizar a mesma moeda usada na Betfair.

Depois de se cadastrar na Neteller e enviar seu primeiro investimento, você poderá mandar os documentos digitalizados direto pelo site para verificação.

Hora de conhecer melhor a Betfair.

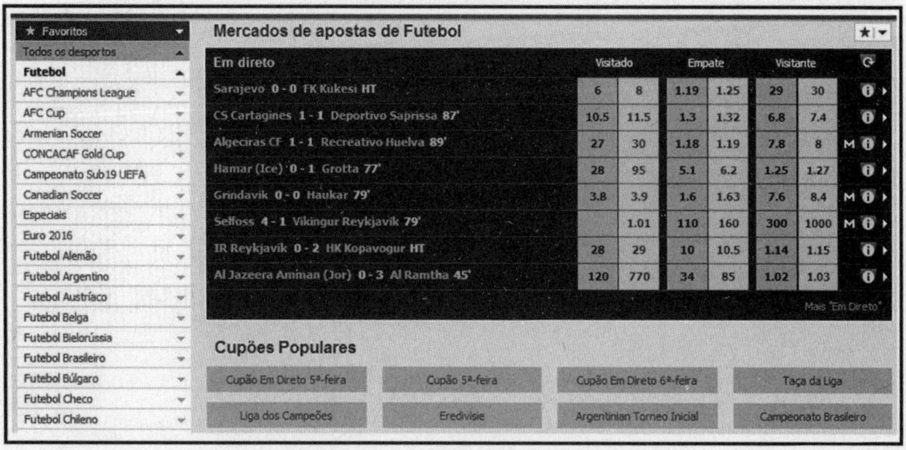

A imagem anterior mostra a tela da Betfair depois de selecionar o menu "Futebol". À esquerda é possível ver os campeonatos disponíveis; o quadro de fundo preto mostra os jogos em andamento e os cinza-claros mostram outra opção para escolher as partidas. Se quiser ver os jogos disponíveis em um dia exato da semana, clique em Cupão (em inglês, *Cupon*) e o dia em questão. "Em Direto" são os jogos que permitem fazer trading ao vivo, ou seja, ao longo do jogo. Se, por exemplo, você quiser ver em quais jogos será possível fazer trading ao longo da partida, basta clicar em "Cupão em Direto dia X". Caso esteja procurando algum confronto específico, digite o nome do time na opção de pesquisa no topo do site.

Depois de escolher o jogo, você verá vários mercados (o mercado mais citado neste livro é o de "Probabilidades", em que você investe no time que poderá ganhar o jogo, ou se a partida ficará empatada). Depois de escolher o mercado em que você trabalhará, pode clicar em "Ver mercado completo" para ver detalhes.

Importante avisar: a Betfair é a maior e mais segura bolsa esportiva do mundo. Ela existe desde 1999 e possui mais de um milhão (sim, um milhão) de clientes espalhados por mais de cem países. Além disso, a citada bolsa realiza mais de 7 milhões de transações (leia-se: tradings) por dia e possui um faturamento bilionário. Graças a todos esses fatores, a Betfair é a "casa-chave" deste livro.

Aproveitando o bônus

Novos usuários em diversas casas de investimento recebem bônus para investir. Isso acontece de duas maneiras diferentes:

- Bônus de depósito: são os bônus oferecidos pelas casas assim que você faz o primeiro depósito. Veja o exemplo retirado do site Betboo:

- Bônus de *Freebet*: são os bônus oferecidos pelas casas assim que você deposita, faz seu primeiro investimento e perde. Veja exemplo retirado do site Apostas Online:

Antes de começar a fazer as operações esportivas na Betfair, o ideal é procurar esses bônus das casas e transformar um pequeno investimento entre 300 reais e 500 reais num valor entre 2 mil reais e 2.500 reais, para, aí sim, focar nessa bolsa esportiva. A técnica ensinada abaixo é muito simples, mas pode parecer um pouco estranha ou complicada, porque é uma novidade. Não se assuste porque você a entenderá facilmente.

Lembra-se do jogo São Paulo × Internacional?

Veja abaixo as *Odds* e imagine que essa casa seja a Betboo:

Serie A	1	x	2
24.07 21:00 São Paulo - Internacional	2.05	3.35	3.30

E na Betfair:

Probabilidades - Correspondido: USD 118.159			M Vai Entrar "Em Direto"	Regras		
Vista de aposta: $4		100.6%	a Favor	Contra	99.5%	
São Paulo	2.16 $1917	2.18 $2081	2.2 $1470	2.22 $2903	2.24 $914	2.26 $810
Internacional	3.5 $662	3.55 $693	3.6 $626	3.65 $6	3.7 $503	3.75 $886
Empate	3.55 $826	3.6 $529	3.65 $234	3.7 $168	3.75 $1219	3.8 $1113

Repare, na casa em questão, que a *Odd* do empate está em 3,35. Na Betfair, o investimento contra o empate está com *Odd* em 3,70.

Bônus de depósito

Tomemos como exemplo que você não queira gastar muito e faça um investimento de apenas 20 dólares na Betboo. Conforme a situação descrita acima, seu saldo aumentaria para 44 dólares (bônus de depósito de 120%) – como o cadastro na Betfair foi feito em dólares, nas outras casas deve ser feito preferencialmente na mesma moeda. Em seguida, na Betboo, você investe 44 dólares no empate. Se o jogo terminar empatado, você ficará com um saldo de 147,40 dólares (44 × 3,35).

Enquanto isso, você entra na Betfair e faz um investimento contra o empate, com *Odd* de 3,70, comprometendo 109,49 dólares (*Stake*/lucro será de 40,55 dólares). Se o investimento for vencedor (ou seja, se a partida não terminar empatada), seu saldo será de 147,40 dólares (40,55 dólares de lucro, menos a comissão de 6,5% da Betfair, mais o investimento de 109,49 dólares).

Resumindo: se o jogo terminar empatado, você ficará com um saldo de 147,40 dólares na Betboo. Se o confronto não terminar empatado (que é o mais provável), você ficará com um saldo de 147,40 dólares na Betfair.

Enfim, quanto você investiu? Vinte dólares na Betboo mais 109,49 dólares na Betfair, totalizando 129,49 dólares. Qual o saldo final? 147,40 dólares, independentemente do resultado do jogo. Ou seja, um lucro de 17,91 dólares, ou 13,83%, sem riscos, lembrando que colocou apenas 20 dólares na Betboo, mas poderia ter colocado 150 reais, certo? Se houvesse colocado o valor limite, teria um lucro de cerca de 70 dólares (ou 217 reais),[4] sem riscos!

O ideal para essa técnica é que seu investimento seja vencedor na Betfair e perdedor na Betboo – ou seja, neste exemplo, o ideal é o jogo não terminar empatado. E se isso acontecer? Simples: reaplique a técnica até perder na casa de apostas e ganhar na Betfair – ou transfira seu saldo da casa de apostas para a Neteller.

E se a casa de apostas oferecer bônus *Freebet*?

Imagine que agora estamos na casa Apostas Online.

---

[4] Cotação correspondente a junho de 2015.

Imaginando que estamos trabalhando com as mesmas *Odds* do exemplo anterior – a *Odd* do empate está em 3,35, e, na Betfair, a *Odd* contra o empate está em 3,70. Sabendo disso, vamos investir 50 reais no empate na Apostas Online. Do outro lado, vamos à Betfair investir 32,32 reais contra o empate, gerando um compromisso de 87,28 reais (valor em reais apenas para exemplo). Se o jogo terminar empatado, perderemos o investimento de 87,28 reais na Betfair, mas, como investimos 50 reais no empate na casa Apostas Online com *Odd* de 3,35, ficaremos com 167,50 reais (50 × 3,35), um lucro de 117,50 reais. Como investimos 50 reais na casa Apostas Online e 87,28 reais na Betfair, totalizando 137,28 reais, nosso lucro final foi de 30,22 reais – um total de 22%!

Se o jogo não terminar empatado, ficaremos com um total de 117,50 reais na Betfair (32,32 reais de lucro na Betfair, menos a comissão de 6,5% sobre o lucro, + R$ 87,28 reais de investimento). Nesse caso, perderemos os 50 reais na Apostas Online; mas essa aposta foi *Freebet*, lembra? Se perdermos a primeira aposta na casa, ela nos reembolsa os 50 reais. Ou seja, no final, ficamos com 117,50 reais na Betfair e 50 reais na Apostas Online. Saldo final: 167,50 reais. Como investimos 50 reais (Apostas Online) + 87,28 reais (Betfair), nosso lucro final também foi de 30,22 reais. **LUCRO DE 22%!**

Imagine aplicar essa técnica nas mais de 20 casas que existem na internet? Você conseguirá transformar alguns poucos reais em 2.000 reais ou 2.500 reais. E como enviar dinheiro para essas casas? É simples: a maioria delas aceita a Neteller como meio de depósito, portanto você não precisa enviar seu dinheiro para elas, fazendo vários investimentos. Basta, aos poucos, transferir seu lucro da Betfair para a casa que desejar, transferir o novo rendimento de volta para a Neteller e ficar "circulando" o dinheiro até acumular um grande montante. Esse é um método em que os três envolvidos (você, a casa de investimentos e a Betfair) saem ganhando – e é fácil entender o porquê:

Imagine que você aplique a técnica, perca na casa e lucre na Betfair. Como fica o saldo da casa? Positivo, pois você perdeu na casa e deu lucro para ela. Como fica o saldo da Betfair? Positivo, pois você lucrou ali e pagou os 6,5% de comissão sobre o seu lucro. E como fica o seu saldo? Também positivo.

Importante: quanto menor a diferença entre as *Odds* da casa e da Betfair, melhor. O ideal é que a diferença seja de até 40 centavos. No nosso exemplo, a diferença foi de 35 centavos (3,70 da Betfair e 3,35 da casa). O ideal, para essa técnica, é que a *Odd* da casa esteja entre 2,50 e 4,20.

Os exemplos utilizados neste capítulo foram com o mercado do empate (*Draw*), mas você pode encontrar boas *Odds* em um dos times. Também é importante tomar muito cuidado com a moeda utilizada nas casas. Minha recomendação, como você já percebeu, é sempre utilizar a mesma moeda em todas as casas – e como a Betfair trabalha com dólares, recomendo que essa seja a moeda escolhida.

Aproveite os bônus casa por casa, sem pressa. Você pode gastar muitos dias nesse processo, mas os lucros são altos! Além disso, eles dão lucros percentuais mais altos que as operações que serão ensinadas adiante.

Caso queira utilizar esse método e lucrar nas mais de 20 casas de apostas disponíveis, acesse <http://www.investimentofutebol.com/materialdeapoio> e receba os links de todas as casas, com os respectivos bônus.

CAPÍTULO 5

Quando você começa a entender o sistema

Estamos aqui para ganhar dinheiro de forma segura e calculada, certo? Pois saiba que o período *pré-live* – aquele que antecede o apito inicial do juiz, para começar a partida – é, em muitos casos, o que estamos procurando.

No *pré-live*, cada preço reflete o último consenso dos investidores de determinado jogo. Operar em *pré-live* significa questionar esse consenso – e, por isso, é importante ter total conhecimento que o consentimento do mercado está subestimado.

A melhor forma de ganhar dinheiro no *pré-live* é através do *Book-making*, termo que, falando exclusivamente da Betfair, só é possível se houver pouco volume de mercado – que culmina em *Odds* desajustadas. Funciona assim: o trader, depois de verificar que investir em todos os mercados apresenta um book abaixo de 100 (lembre-se de que as casas de apostas apresentam acima de 100, como no exemplo dos capítulos anteriores, que era 107), investe em todos os mercados, a fim de cobrir todas as possibilidades, de forma que seu saldo final será de 100. Não recomendo buscar essas pequenas oportunidades, pois não são muito comuns, e o foco no trading pode trazer mais lucros.

Outra forma de lucrar no *pré-live* é verificando se as *Odds* estão desajustadas; por exemplo, vendo que a *Odd* do favorito está muito alta e que deve cair com a proximidade do jogo, para, depois da descida, finalizarmos o trading com lucro. Isso pode ser subjetivo, de modo que é recomendado apenas para traders experientes, com bastante vivência nesse mercado. Inicialmente, recomendo o trading apenas durante o jogo, do qual falaremos em breve.

Outro fator muito importante que deve ser levado em conta é o de que, na hora de fazer o trading, uma boa velocidade de internet é essencial – pelo menos 1 mega. Feche todos os sites e programas não relacionados ao trading.

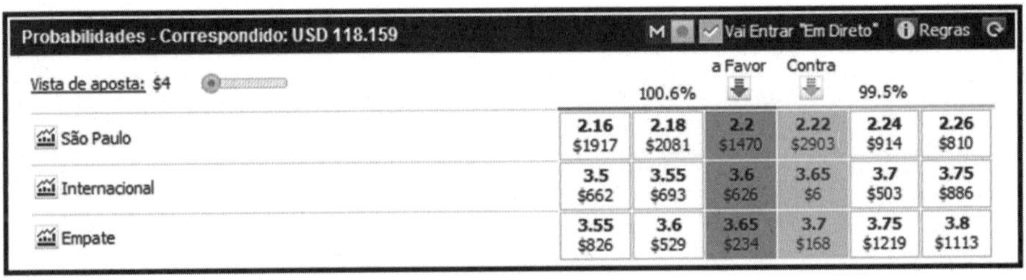

Probabilidades - Correspondido: USD 118.159 — M — Vai Entrar "Em Direto" — Regras

Vista de aposta: $4

		100.6%	a Favor	Contra	99.5%	
São Paulo	2.16 $1917	2.18 $2081	2.2 $1470	2.22 $2903	2.24 $914	2.26 $810
Internacional	3.5 $662	3.55 $693	3.6 $626	3.65 $6	3.7 $503	3.75 $886
Empate	3.55 $826	3.6 $529	3.65 $234	3.7 $168	3.75 $1219	3.8 $1113

Segundo o quadro, o São Paulo é o favorito – uma vez que sua *Odd* está abaixo da *Odd* do empate e da do time adversário. Para que um clube seja considerado o claríssimo favorito, sua *Odd* precisa estar a 1,90 ou abaixo disso – o que não é o caso aqui.

Se o São Paulo marcar um gol, a *Odd* pode cair para aproximadamente 1,40, por exemplo, e se sofrer um gol a *Odd* pode subir para 5,00 ou além disso, dependendo do andamento do jogo. Se nada mais mudar no jogo, a *Odd* do time paulista subirá lentamente, na casa dos decimais.

Para ter lucro com trading você precisa fazer um investimento a favor e depois contra – ou vice-versa. Para que isso fique mais fácil de entender, pense assim: o investimento a favor (quadro na cor cinza-escuro) é a venda e o investimento contra (quadro na cor cinza-claro) é uma compra. Se você começar com uma *Odd* de venda, para ter lucro é possível investir no quadro cinza-escuro com a *Odd* acima.

O quadro-cinza escuro aponta 2,20, ou seja, o preço de venda é esse, enquanto o preço de compra (quadro cinza-claro) é 2,22. Se alguém comprar um investimento contra o São Paulo, está fazendo isso por 2,22. Se vender a 2,20, o preço que está agora, terá prejuízo. Se a *Odd* subir um *tick* para cima, ficará neutro, e se subir para qualquer valor acima de 2,22, haverá lucro.

Digamos que nesse jogo, se você investir a favor do time paulista com a *Odd* a 2,20, para ter lucro é preciso fechar a operação fazendo um investimento contra o São Paulo, com a *Odd* abaixo desse valor – e é importante lembrar que ela varia com o passar do tempo.

Para o São Paulo ganhar o jogo, começar investindo a favor faz-se necessário que a *Odd* caia. Outra opção seria investir contra o São Paulo a 2,22 e, se a probabilidade de vitória diminuir depois de seu investimento, as *Odds* vão subir – a *Odd* a favor ficará acima de 2,22. E qualquer *Odd* a favor acima de 2,22 lhe dará um lucro potencial, que possibilitará que a operação fechada seja lucrativa.

Observe, na Betfair, que a *Odd* contra sempre está um pouco acima da *Odd* a favor. Para ter lucro, então, caso você invista a favor do Internacional (em 3,60), a *Odd* contra precisa estar em 3,55 ou abaixo. Nesse caso, quanto menor a *Odd*, maior o seu lucro. É preciso esperar, com o passar do tempo – caso saia um gol do Internacional ou o São Paulo tenha um jogador expulso, o Internacional passa a se tornar, gradativamente, um possível favorito no jogo. A partir de qualquer valor abaixo de 3,60, então (como 3,55, que é o primeiro *tick* abaixo), começa a haver lucro.

No mesmo segundo de jogo não é possível conseguir fazer um trading lucrativo e instantâneo, porque a *Odd* a favor sempre estará, como já falamos, um pouco abaixo da *Odd* contra. Espere a variação e finalize a operação com lucro.

Em mercados com baixa liquidez, pouco volume, a diferença entre a *Odd* a favor e a *Odd* contra estará alta, pois ninguém se interessa por esses investimentos. Esse é outro motivo pelo qual não vale a pena fazer trading em mercados com pouca liquidez.

Quanto menor a diferença entre a *Odd* a favor e a *Odd* contra, melhor. Em jogos com pelo menos 100 mil dólares de investimento, a diferença da *Odd* sempre será mínima. A próxima *Odd* depois de 3,65, por exemplo, será 3,70. Existe uma diferença mínima, que representa um bom jogo para investir e operar. A diferença de 2,2 para 2,22, que é apenas um *tick*, torna-se ideal para operar. A diferença entre o preço de compra (cinza-claro) e o preço de venda (cinza-escuro) é conhecida como *spread*. Se a diferença entre as *Odds* for de apenas um *tick*, temos um *spread* mínimo.

Também vale ressaltar que existe uma diferença muito grande entre casas de apostas e bolsas esportivas: enquanto as bolsas permitem que você desfaça sua operação – saindo do mercado antes de o jogo acabar –, as casas de apostas "seguram" seu investimento, deixando você refém das probabilidades do jogo.

Digamos, por exemplo, que você tenha investido, na bolsa esportiva, a favor do São Paulo, e esse time não esteja jogando bem (sofrendo um gol, por exemplo). Nesse caso, você pode investir contra o São Paulo logo em seguida, reduzindo seu risco (se você estivesse em uma casa de apostas, isso não seria possível e você perderia todo o seu investimento). Na bolsa esportiva, você pode se desfazer da sua aposta e reduzir muito o seu prejuízo.

Enquanto na casa de apostas você investe 100 reais e, se o São Paulo perder, você perde tudo, na bolsa esportiva, você pode se desfazer do seu investimento e reduzir seu prejuízo para 30 reais, se você perceber que o São Paulo não ganhará o jogo, por exemplo.

Em outro exemplo, você pode investir a favor do São Paulo e ele estar vencendo o jogo, mas, caso exista um receio de o Internacional empatar, você também pode investir contra o São Paulo em seguida, reduzindo seu lucro (uma vez que as probabilidades estão a seu favor). Se, por exemplo, uma vitória do São Paulo der a você um lucro de 100 reais, mas você estiver com medo de o Internacional empatar ou virar o jogo, você poderá finalizar seu investimento e reduzir seu lucro para 30 reais. Nesse caso, você sai do mercado e, independentemente do resultado final, terá um lucro de 30 reais.

Em qualquer um dos exemplos anteriores, você sai do mercado e não precisa acompanhar mais o jogo. Independentemente do resultado final (vitória do São Paulo, empate ou derrota), você ficará com o mesmo lucro/prejuízo. E o oposto também se aplica! Você poderia ter começado investindo contra, e depois, poderia ter investido a favor, para sair do mercado.

O próximo passo é entender como essas *Odds* funcionam.

Como já falamos, a Betfair trabalha com um investimento em que você está contra outras pessoas, então as *Odds* variam de acordo com o andamento do jogo e também de acordo com a opinião dos traders.

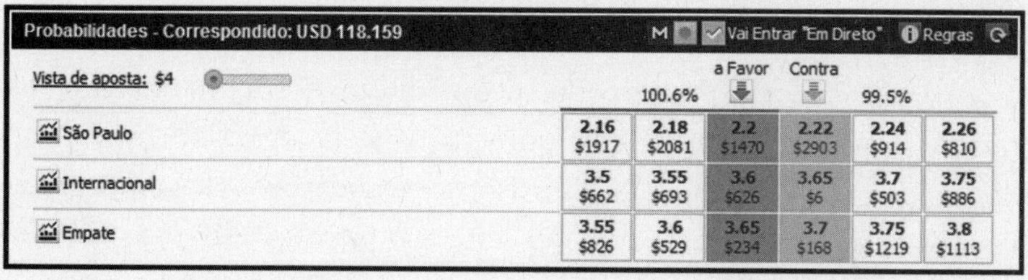

Probabilidades - Correspondido: USD 118.159 — M — Vai Entrar "Em Direto" — Regras

Vista de aposta: $4

	100.6%		a Favor	Contra	99.5%	
São Paulo	2.16 $1917	2.18 $2081	2.2 $1470	2.22 $2903	2.24 $914	2.26 $810
Internacional	3.5 $662	3.55 $693	3.6 $626	3.65 $6	3.7 $503	3.75 $886
Empate	3.55 $826	3.6 $529	3.65 $234	3.7 $168	3.75 $1219	3.8 $1113

No jogo em questão, conforme consenso dos investidores, no momento da captura da imagem, a probabilidade de o São Paulo ganhar é de 45% (1 ÷ 2,20), antes mesmo de o jogo começar.

Agora imagine que no primeiro tempo o São Paulo faça um gol. A partir desse momento, a probabilidade de ele ganhar o jogo aumenta para, suponhamos, 71%, ou seja, a *Odd* cai para 1,40 – quanto maior a probabilidade de um time ganhar, menor o valor da *Odd*. Nesse exemplo, a partir do momento em que o São Paulo fizer um gol, a probabilidade de ele ganhar esse jogo aumenta muito, então o valor da *Odd* cai. Percebeu como as *Odds* variam?

Outro exemplo: agora imagine que o jogo fique "truncado" e ninguém faça gols. A cada minuto que passa, a probabilidade de o São Paulo ganhar diminui, porque ele terá cada vez menos tempo para fazer gol. Nesse caso, a cada minuto do jogo, a *Odd* a favor do São Paulo fica cada vez mais alta. E isso se aplica a todos os mercados. É essa variação que nos permite diminuir os prejuízos e os riscos, mantendo o mesmo lucro independentemente do resultado final do jogo.

Não é necessário calcular o valor do investimento para fechar no mesmo lucro ou prejuízo, porque a Betfair possui um sistema chamado Cash Out, que faz todos os cálculos para nós.

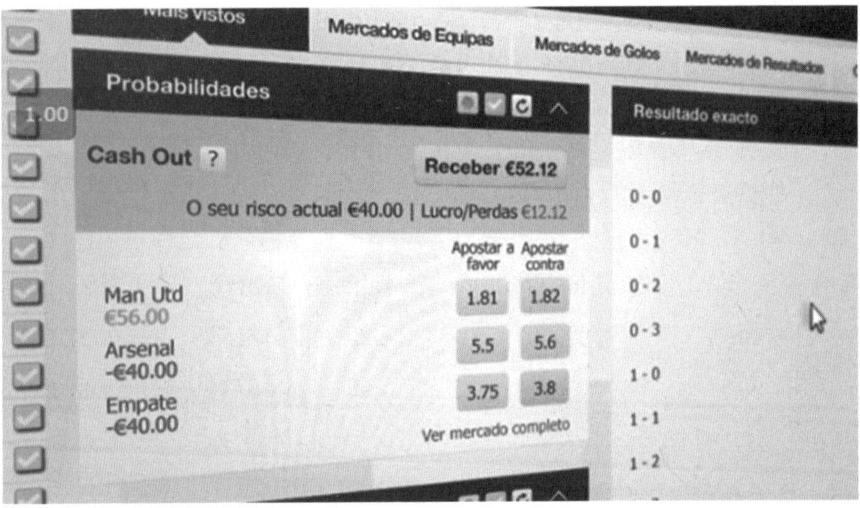

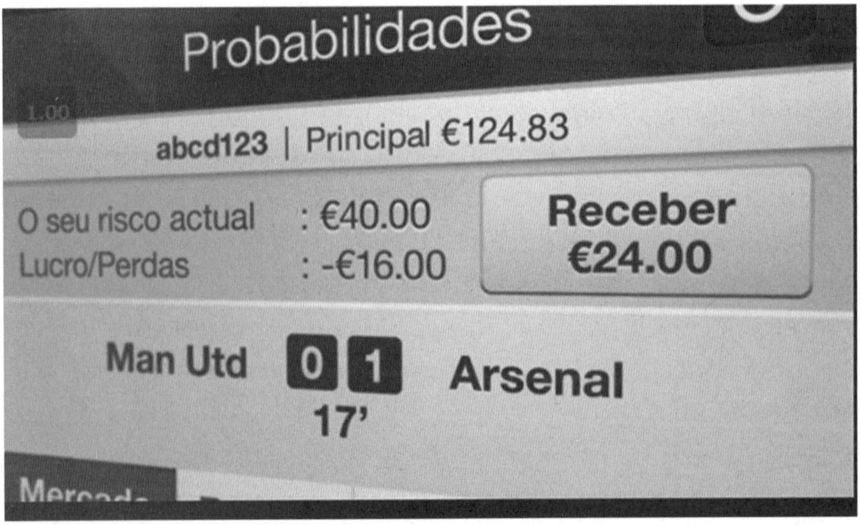

Se o São Paulo marcar um gol e o investidor quiser sair do mercado realizando um trading, com o intuito de ter o mesmo lucro independentemente do resultado final, o *modus operandi* é simples: a *Odd* do São Paulo cairá para um número próximo de 1,40. Nesse caso, basta clicar no quadro "Receber" para sacar na linha do Cash Out, e a Betfair calculará para você o valor para investir contra e fará isso de modo automático.

Nós nem precisamos saber o valor do investimento contra o São Paulo, pois, como você já percebeu, a Betfair realizará todos os cálculos. Basta clicar no botão de Cash Out.

A maneira como a Betfair realiza esses cálculos pode ser entendida, para os curiosos, seguindo a tabela abaixo:

Mercado	Valor investido	Odd	Lucro	Montante
A favor (back)	100,00	2,20	120,00	220,00
Contra (lay)	62,86	1,40	157,14	220,00
Total investido	162,86			

O sistema deles é calcular o valor a investir contra, que no caso foi 62,86 dólares (após o gol do São Paulo). Observe que o valor investido foi de 162,86 dólares (100 dólares a favor e 62,86 dólares contra). Repare também que, independentemente do resultado, o montante final será de 162,86 dólares. Ou seja, se o São Paulo ganhar, fico com 220 dólares porque investi a favor do São Paulo. Se ele não ganhar, também fico com 220 dólares porque investi contra o São Paulo (lucro de 35% antes de descontar a comissão de 6,5% da Betfair).

Esses cálculos podem ser um pouco complexos e, conforme expliquei, são apenas uma curiosidade. Se não tiver entendido, isso não o prejudicará em nada.

Para ter lucro, vale ressaltar, é importante fazer o *Back* (a favor) com um valor superior à *Lay* (contra).

Em nosso exemplo, como fizemos um investimento a favor com *Odd* a 2,20 e contra, a 1,40, fechamos com lucro. Se você começar uma operação investindo contra, terá de fechar investindo a favor com *Odd* superior ao investimento inicial.

Se, no mesmo exemplo, o São Paulo tomasse um gol no início do jogo, a *Odd* dele subiria e, para correr menos riscos, poderíamos fechar a operação reduzindo nosso prejuízo. Nesse caso, o valor do investimento contra estaria acima de 2,20.

Fechar uma operação significa investir contra depois de ter feito um investimento a favor (ou vice-versa) dentro do mesmo mercado. O tempo entre um investimento a favor e um contra pode ser de alguns segundos, poucos minutos ou até horas, caso o investimento inicial tenha sido feito antes do início do jogo. Você também pode utilizar a calculadora Arbcruncher (<http:\\www.arbcruncher.com>) para simular valores de *Odds* – e é bem fácil, para quem está curioso.

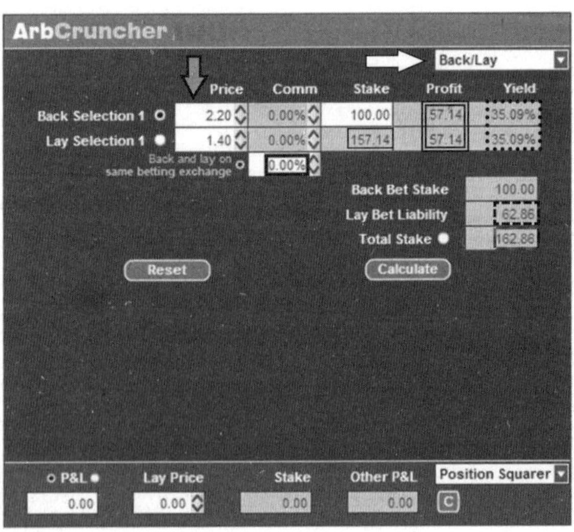

Primeiramente, você deve ir até a seta no canto superior direito (⇨) e escolher em qual mercado vai trabalhar, que, neste exemplo, é o *Back/Lay* (a favor e contra).

Depois, precisa selecionar em qual mercado fará o investimento inicial (*Back* ou *Lay* – na figura anterior, a seta localizada no canto superior esquerdo – ⇩). Caso tenha sido *Back*, de acordo com nosso exemplo, você deve preencher no campo *Stake* seu investimento (caso escolha *Lay*, preencha o campo com sua *Liability*).

No campo *Price* (⇩), você deve preencher as *Odds* de *Back* e *Lay* em questão. Para esse exemplo, estou usando as *Odds* do exemplo do jogo do São Paulo. Depois de inserir todos os dados, você deve colocar a corretagem da Betfair (que inicialmente é 6,5%, mas eu deixei 0% para melhor exemplificar – ▭) e clicar em *Calculate*. Aparecerá na tela o valor de *Lay* a 157,14 (▭), que é o valor do nosso investimento em *Lay* para fecharmos nosso trading com o lucro citado.

Observe na calculadora o campo *Profit* (▭) no valor de 57,14 dólares e o campo *Total Stake*, que é 162,86 dólares (▭). Observe também o quadro ⬚ no valor de 62,86 dólares, que é o valor calculado pelo *Cash Out* (ou que deveríamos preencher no quadro *Lay* se fôssemos fazer essas operações manualmente, sem a ajuda do *Cash Out* – não é nosso caso), e o quadro ⬚ com nosso lucro percentual.

Você não precisará fazer esses cálculos caso utilize o *Cash Out* da Betfair, mas talvez seja interessante que você saiba como usar a calculadora.

Se você utilizar todo o seu dinheiro no investimento inicial, a Betfair reconhece que, ao tentar fechá-la, você está fazendo trading e, com isso, pode fazer uma operação de saída mesmo sem ter dinheiro, porque por meio dele você nunca gastará mais do que seu investimento inicial. Sair do mercado é fechar a operação que dará lucro ou prejuízo a você.

Na prática, é como se a Betfair lhe emprestasse dinheiro para fechar a operação (como no exemplo anterior os 62,86 dólares). Como seu saldo final SEMPRE será superior ao dinheiro que ela lhe empresta, é possível que se faça essa operação. Ou seja, para essa operação, não é necessário ter os 162,86 dólares, basta ter 100 dólares.

Para haver uma negociação positiva, você tem de vender mais caro do que o valor pelo qual comprou, ou comprar mais barato do que aquele pelo qual vendeu (o *Back* sempre deverá ser mais alto que o *Lay* – ou então: investimento a favor sempre terá de ser com *Odd* mais alta que o investimento contra).

Se você investir no São Paulo com "a favor" (*Back*) a 2,20, quando ele faz um gol, a *Odd* baixa para 1,40 (uma suposição). Nesse caso, se você fizer o *Back* a 2,20 e fechar com *Lay* (investir contra) a 1,40, você fecha a operação com lucro, porque vendeu a 2,20 e comprou a 1,40.

Quando se faz um investimento antes de o jogo começar, ele é lançado automaticamente no site. Ao fazer isso com o jogo em andamento, a Betfair faz uma contagem regressiva de aproximadamente três a sete segundos – e isso acontece porque, quando há gols, pênaltis ou expulsões, o mercado é suspenso por alguns segundos e, depois, reaberto para novas negociações, com os valores das *Odds* já ajustados. Essa contagem é feita para nossa segurança, para que ninguém tente se aproveitar depois de um gol e antes de o mercado ser suspenso.

Na Betfair, as operações são feitas de forma semelhante ao mercado de ações. Quando você acha que um investimento está baixo, você o compra (*Lay*, ou seja, investe contra) e o revende (*Back*, ou seja, investe a favor) quando ele estiver mais alto.

O intuito é ganhar dinheiro com a variação das probabilidades (variação de *Odds*), e não com o investimento em si.

Observe outros mercados – como os de resultado exato, mais/menos gols, total de gols etc. Já imaginou quantas estratégias são possíveis intercalando-os? Infinitas!

O resultado exato, por exemplo, é quando você investe no placar final do jogo. Em mais/menos gols, você investe na probabilidade de gols do jogo. *Over* significa "acima/mais" e "Under" significa "abaixo/menos". Assim, "mais de 2,5 gols" significa acima de 2,5 gols, ou seja, 3 gols ou mais. Se você investir "Contra mais de 2,5 gols", estará investindo contra mais de 2,5 gols, ou seja, 2 gols ou menos, que é a mesma coisa que investir "A favor de menos de 2,5 gols" (a favor de no máximo 2 gols).

Com trading, fecha-se a operação na hora que o operador quiser. Claro que em alguns casos haverá prejuízos, mas se houver controle emocional e conhecimento das técnicas, você pode reduzir seu prejuízo. Você consegue operar de forma semelhante à Bolsa de Valores, reduzindo prejuízos, maximizando lucros e usando proteções, porém os percentuais de lucro/prejuízo são maiores que os da bolsa supracitada. O trader deve ter em mente que as operações são um negócio, e não uma diversão. Pensando assim, ele estará na estrada correta para alcançar lucros em longo prazo.

Vale ressaltar que você só pode fazer operações até os 90 minutos de jogo. A Betfair não reconhece operações nem jogos em prorrogações ou pênaltis, a não ser, por exemplo, que haja um mercado sobre quem será o campeão. Nesse caso, espera-se o desfecho do jogo/campeonato. Contudo, em investimentos cotidianos, conta-se apenas até o final do segundo tempo.

Se você desejar outros softwares que podem auxiliá-lo com cálculos, ainda que a Betfair realize tudo automaticamente para você, poderá encontrar materiais de apoio no endereço <http://www.investimentofutebol.com/materialdeapoio>.

Com tudo pronto, é hora de entender o que é necessário analisar antes de o jogo começar.

A análise *pré-live*

Temos dez itens essenciais a analisar antes de realizar o trading.

1. O jogo vai entrar *In Live*?

   É necessário saber se o jogo realizará tradings conforme o andamento da partida. Para descobrir a resposta dessa questão, basta observar se o ícone "Vai entrar em direto" está aparecendo acima das *Odds* na Betfair. Em boa parte dos jogos, aparece apenas o símbolo de *check* ( ) no quadrinho cinza. Com isso feito, o primeiro requisito está cumprido. Parabéns!

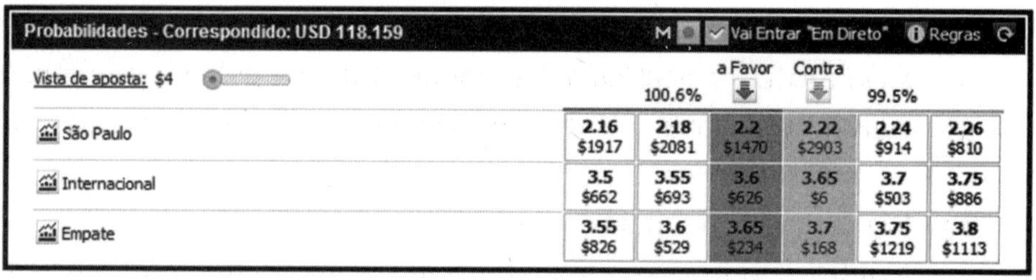

2. Descobrir a liquidez/volume do jogo.
   Um jogo com pouco volume não é interessante – e, ainda que isso pareça óbvio, é de suma importância compreender os porquês dessa afirmação. São dois:

   - Não será possível aplicar uma boa quantidade de dinheiro, minimizando seu possível lucro.
   - As *Odds* provavelmente estarão desajustadas e, mesmo que o previsto ocorra durante o jogo, as *Odds* necessárias para fechar a posição estarão abaixo da pretendida, gerando a chance de lucro positivo comparado ao risco – o que pode colocar um trader na possibilidade de fechar a ação com prejuízo.

   O volume mínimo aceitável para trading é 100 dólares – considerando o mercado Match *Odds* (probabilidades) – faltando menos de cinco minutos para o início do jogo. No exemplo acima, temos 118.159 dólares, ou seja, está dentro de nossos parâmetros.

3. Observar os valores das *Odds* para traçar uma estratégia.
   Pelos valores das *Odds* no Mercado de Probabilidades, é possível observar com facilidade quem é o favorito para o jogo e quem

é a zebra, ou se o jogo será equilibrado (para os analistas). Exemplo: favorito possui *Odd* entre 1,2 e 1,9.

4. Verificar a tendência de *Under/Over* por meio do mercado *Under/Over* 2,5.
   Caso o menu *Over 2,5* (mais de 2,5 gols na partida) esteja com a *Odd* inferior ao *Under 2,5* (menos que 2,5 gols na partida), o jogo estará com tendência de *Over*. O oposto também se aplica.

5. Conferir os calendários dos times.
   No Brasil, o prazo mínimo entre um jogo e outro geralmente é de três dias – à exceção de algumas confusões do calendário. Já na Inglaterra, por exemplo, é comum que em certas épocas do ano um time tenha partidas que acontecem a cada dois dias, o que pode causar grande desgaste nos jogadores. Quatro fatores devem ser levados em conta nesse calendário:

- O prazo de descanso dos times: se você estiver contando com um gol do favorito para obter lucro, não é aconselhável que o time em questão tenha jogado há menos de três dias. Conte também com um descanso mínimo de dois dias, ou é provável que o time poupe jogadores ou coloque em campo um time que tem, como intenção, poupar-se.
- A análise dos campeonatos disputados: anualmente ocorre a FA Cup na Inglaterra, uma taça que não recebe muita atenção dos grandes times. Em jogos dessa competição, não é aconselhável realizar *bets* – a não ser que você procure fazer trades no mercado *Under*.
- A análise do calendário do campeonato em que o time jogará: na Inglaterra, por exemplo, os times grandes dão pouca importância para a FA Cup, portanto não faça *bets* nesses jogos (caso você conte com gol do favorito, mas o jogo pode ser interessante se você estiver fazendo trading no mercado

Under). Se você for operar em torneios com fase inicial de grupos e depois mata-mata, observe, se estiver na fase inicial, se o time do seu interesse já está classificado. Se estiver, o clube não dará muita importância para o jogo em questão. Em caso de fase eliminatória, repare se esse jogo é o primeiro ou o segundo. Se estivermos frente a frente com a partida final, analise o primeiro placar para concluir se o time favorito está ou não motivado.

- Observe o próximo jogo. Se a partida em questão se tratar de um campeonato nacional a três dias de um confronto da UEFA Champions League, por exemplo, o time analisado provavelmente poupará jogadores – ou eles não jogarão com raça suficiente, com medo de se machucar para a partida mais importante, tirando, assim, o interesse do jogo. Se você contar com um bom desempenho desse time, é mais interessante investir no mercado *Under*.

6. Olhar as estatísticas das equipes.
Classificação, quantidade de gols feitos e sofridos, desempenho em casa do time visitado e desempenho fora do time visitante, sequência de vitórias, empates ou derrotas são quesitos muito importantes na análise do jogo.
Procure sempre por estatísticas que se complementem como, por exemplo, um time que marca muitos gols contra um time que tem uma defesa sólida – esse pode ser um jogo pouco interessante.

7. Saber os desfalques do time.
Essa informação pode parecer difícil de obter, mas os jogos brasileiros podem ser mais bem analisados em veículos como *Gazeta Esportiva* e *Globo Esporte*. Fora do Brasil, informações

consistentes podem ser encontradas nos sites citados no final deste capítulo.

Alguns minutos antes do início do jogo os treinadores das equipes são obrigados a informar a escalação dos seus times, e as *Odds* rapidamente são ajustadas para essa escalação, mostrando a nova tendência do jogo.

8. Obter o histórico entre os dois times .

   Existe um tabu entre os adversários? Como um bom conhecedor de futebol, você sabe que uma barreira psicológica pode ser criada se isso existir – e esse fator deve ter um peso muito importante na hora de analisar os times. Lembre-se: ainda que isso seja importante, também leve em conta a fase atual que os times vivem. O tabu pode ter acontecido em outras circunstâncias, com outros jogadores em campo.

9. Saber em qual país o time joga.

   O motivo aqui é simples: certos campeonatos, como austríaco, belga, brasileiro, espanhol, holandês, inglês e alguns outros geralmente têm a tendência de *Over* (muitos gols), enquanto os campeonatos francês, grego e italiano, por exemplo, têm tendência a *Under* (poucos gols). Também é importante analisar a equipe isoladamente.

10. Ler as notícias sobre os times.

    Quem se informa sai na frente, certo? Tudo isso está relacionado com os estudos, as maneiras de obter conhecimento. Ratificando os itens anteriores, para que isso ganhe ainda mais destaque na sua mente, na hora de montar a estratégia, leia tudo o que for possível.

Quando você estiver habituado com todos os itens anteriores, será possível fazer uma análise do jogo em menos de dez minutos. Incrível, não?

E como essa análise do *pré-live* pode refletir no jogo? Confira você mesmo na análise feita por mim durante a partida entre Brasil e Peru, pela Copa América (14 de junho de 2015).

No último amistoso, a seleção brasileira havia jogado tranquilamente, poupando muitos jogadores e apresentando um futebol mais calmo. Na estreia da Copa América, porém, as coisas mudaram, e a seleção precisava voltar a mostrar um futebol eficiente e de qualidade. Desde a chegada do técnico Dunga, o time sofrera poucos gols e vencera todos os amistosos. O meio-campo é forte, com Fernandinho (que também tem boa chegada no ataque), Willian e Philippe Coutinho. O ataque tinha o craque Neymar e ainda estava sofrendo com um bom problema, por causa da grande disputa entre Diego Tardelli e Roberto Firmino, com ambos em boa fase.

Já o Peru terminou a última Copa América na terceira posição, mas fracassou nas eliminatórias da Copa do Mundo, ficando mais uma vez fora do Mundial – do qual não participa desde 1982. O técnico era Ricardo Gareca, que comandou o Palmeiras meses antes da partida em questão. Ele possuía grandes jogadores de ataque, contando com Vargas, Carrilo, Farfan, Pizarro e o conhecido Guerrero. O meio-campo era competitivo, e a defesa era o pior setor da seleção Peruana.

Foi importante atentar, também, que Brasil e Peru mostravam excelentes jogadores de ataque, e mais cedo ou mais tarde os gols deveriam acontecer.

Hora do trading. Antes de o jogo começar, fiz um investimento no mercado *Over* 2,5, ou seja, apostei que o jogo teria no mínimo 3 gols, com *Odd* a 1,97. Investi 200 dólares. Aos dois minutos do primeiro tempo o Peru inaugurou o placar e, aos quatro minutos, o Brasil empatou. Nesse momento, a chance de o jogo ter três gols ou mais era enorme, pois em quatro minutos já haviam saído dois gols, e ainda faltavam 86 minutos para o jogo terminar.

A *Odd* derreteu para 1,24, e eu fechei o trading com 111 dólares de lucro (aproximadamente 344 reais).

Nesse jogo, ainda houve alguns momentos frios, principalmente em meados do primeiro tempo e no início do segundo, com o Brasil mostrando falta de criatividade no meio e no ataque. Fiz vários tradings no mercado *Under* 3,5, finalizando o jogo com lucro de 547 reais.

IMPORTANTE!

Você pode conhecer os melhores sites para fazer análise pré-jogo acessando <http://www.investimentofutebol.com/materialdeapoio>. De antemão, os melhores sites para essas análises são:
<http://www.whoscored.com/>,
<http://www.ogol.com.br/>,
<https://www.academiadasapostas.com/>,
<http://www.tablesleague.com/ e http://www.livescore.in/>.
Caso o jogo que escolheu não esteja sendo transmitido pela TV, você pode assisti-lo pela internet. Uma ótima opção é o site
<http://bet365.com/>.
Observação: é preciso ter um pequeno saldo no site acima para poder assistir aos jogos.

CAPÍTULO 6

Técnicas e estratégias

Você já sabe o que analisar para fazer uma aposta em um jogo. Tem as ferramentas na mão – a faca e o queijo, como se costuma dizer. Agora é hora de incrementar ainda mais sua posição já privilegiada com técnicas e estratégias.

Técnica principiante

Existem algumas maneiras simples de gerar confiança na vida do trader que está começando agora, para que, depois de algum tempo, ele possa fazer operações mais arriscadas – que, em contrapartida, proporcionarão maiores lucros.

Até que exista verdadeira confiança e credibilidade naquilo que está fazendo, você deve buscar investimentos de baixíssimo risco, como, por exemplo, assinalar *Under 6,5* em jogos com tendência a *Under*. O resumo dessa estratégia é simples: em partidas cujos times não costumam marcar muitos gols, você está afirmando que a partida terminará com no máximo seis gols marcados – o número de gols não importa: pode ser 3 × 3, 4 × 2, 5 × 1, 6 × 0 para qualquer um dos dois times. Resultados com menos gols também representam vitória nesse tipo de investimento.

Como já é de imaginar, um investimento de baixo risco também gera pouco lucro, geralmente na casa de 1% a 2% – *Odds* a 1,01 ou 1,02. E isso é um problema para quem tem pouco dinheiro em caixa.

Uma banca de 150 dólares, por exemplo, gera um lucro de apenas 3 dólares num trade feito com a possibilidade de retorno marcada em 2%.

Acha pouco? Pois lembre-se de que se esse dinheiro estivesse em uma conta poupança, você levaria cerca de três meses para ter o mesmo rendimento. Com os trades, você consegue obtê-lo em duas horas. E não se pode esquecer a magia dos juros compostos: bastam 35 trades de 2% para dobrar a banca – e você conseguirá dobrá-la em menos tempo do que imagina.

Recomendo que o trader iniciante faça pelo menos cinco operações em *Under* 6,5 nos jogos com essa tendência antes de partir para outra estratégia.

Lembre-se: você não precisa ter pressa nessa profissão. Quanto mais calma tiver, mais fácil será ir cada vez mais longe no futuro.

Essa estratégia não é trading em si, mas aposta (também conhecida como *Punting*), pois você não finaliza a operação, e o lucro se dá apenas no final do jogo.

Scalping

Essa estratégia envolve fechar um trading com um ou dois *ticks* de diferença em relação à *Odd* de compra. Exemplos tornam essa operação muito simples de compreender:

- Com o *Back* a 3,10, fecha-se a operação com a *Lay* valendo 3,05;
- Com a *Lay* a 4, fecha-se a operação com *Back* a 4,10.

Esse tipo de operação pode ser feita em *pré-live*, quando o trader vê os "dentes" num gráfico e tenta se aproveitar deles (figura a seguir), ou quando o operador vê que as *Odds* estão desajustadas.

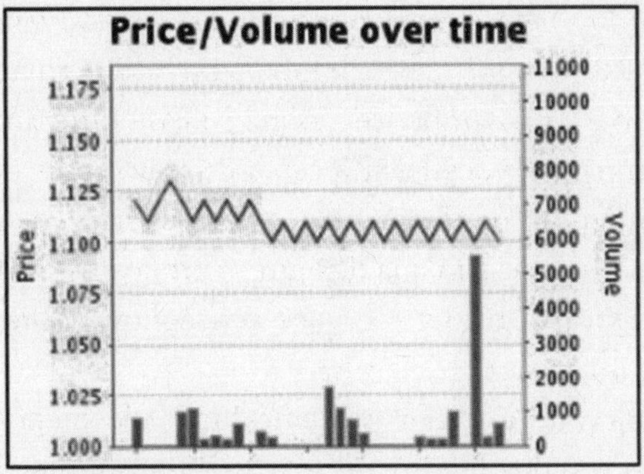

Quando se está *In Live*, é mais interessante fazer esse tipo de operação no período *Time Bomb* (explicado posteriormente), para que o trader não fique exposto por muito tempo. É mais comum realizar o *Scalping* em jogos que entram *In Live* por causa do *Time Bomb*. Também é recomendado que o trader só faça *Scalping* quando estiver assistindo ao jogo sem *Delay*.

O lucro para esse tipo de operação gira em torno de 1% a 2%.

Os melhores momentos para realizar o *Scalping são*:

- Tiro de meta.
- Faltas cobradas longe da área.
- Confusão entre jogadores – e outras paralisações.
- Substituições.
- Momentos frios do jogo.

O *Scalping* é a melhor estratégia conhecida de trading, pois ficamos pouco tempo expostos e conseguimos bons lucros se utilizarmos essa estratégia diversas vezes ao longo do jogo. Ela pode ser utilizada em qualquer mercado, mas é mais comum no mercado de probabilidades e de quantidade de gols.

Swing Trade

O *Swing Trade* é uma estratégia que se assemelha bastante ao *Scalping*, nela, porém, a operação deve ser fechada com uma diferença maior entre as *Odds* – cinco ou seis *ticks*. Com isso, o lucro é maior – e o risco também, graças ao maior tempo de exposição.

Tenha uma coisa em mente, no entanto: nunca se deve fazer *Swing Trade* se o operador estiver assistindo a uma partida com *Delay*.

Total Goals

Esse mercado é utilizado quando se prevê pelo menos um gol ao longo do jogo. O *Total Goals* tem menor liquidez que os mercados de mais/menos gols (*Over/Under*). Se você "previr" que o jogo terá pelo menos três gols, é melhor investir no *Over 2,5* do que no mercado *Total Goals: 3 or more*. Teoricamente, os investimentos descritos são iguais, mas devemos buscar sempre aqueles com maior liquidez.

Arbitragem

Esse tipo de estratégia se baseia em utilizar as diferenças das *Odds* das casas de investimento para fazer um trading perfeito. Para que isso seja possível, basta que todas as probabilidades que cercam o evento deem um *Book* inferior a 100%. Em teoria, é a maneira mais fácil de ganhar dinheiro com trading esportivo. Entenda:

Cada casa traz uma *Odd* diferente. Para fazer a arbitragem, devemos usar duas ou três casas ao mesmo tempo. O funcionamento é simples: no futebol há três possibilidades de término: vitória do time A, vitória do time B ou empate – diferentemente do tênis, por exemplo, no qual só existe a possibilidade de vitória para um dos tenistas. E é esse exemplo que vamos utilizar.

Imagine um jogo entre Nadal e Federer, dois dos maiores tenistas do mundo. Em uma casa, a *Odd* da vitória do Nadal estará em 2,02 – o que significa que para cada dólar investido, você terá um retorno de 1,02 dólar, ficando com um montante de 2,02 dólares.

Em outras casas, a vitória para Federer está com *Odd* em 2,08, mostrando que para cada dólar investido você terá um lucro de 1,08 dólar, ficando com um montante de 2,08 dólares.

Agora, imagine usar as duas casas e fazer dois investimentos, um em cada jogador. Para Nadal, você usa 50,73% de sua banca, e para Federer, 49,27%. Feito isso, independentemente de quem ganhe no final, você terá um lucro de 2,48% em relação ao investimento inicial.

Basta fazer as contas: caso você tenha uma banca de 100 dólares, terá investido 50,73 dólares em Nadal. Se ele vencer, você ficará com um montante de 102,48 dólares (50,73 × 2,02). Caso Federer vença, você também ficará com um montante de 102,48 dólares (49,27 × 2,08).

E como chegar aos números que dão um lucro igual, independentemente do resultado final?

Basta usar a calculadora ArbCruncher, conforme mostrado abaixo:

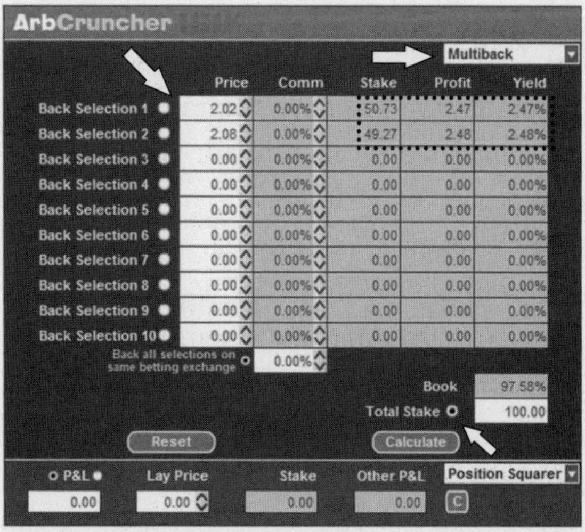

As setas ⇨ são os itens a preencher.

- Primeiramente, marque a opção *Multiback*.
- Em seguida, insira os valores das *Odds* nos quadros *Back Selection*.
- Para finalizar, marque a opção *Total Stake* e coloque quanto deseja investir.

Caso você não use a Betfair para a arbitragem em questão, deixe o percentual de corretagem em 0% (inicialmente, estará em 5%) e clique em calcular – isso porque a Betfair cobra taxa de 6,5% para os investimentos vencedores, enquanto as outras casas não cobram taxas, mas possuem piores *Odds* na maioria dos casos.

O valor a investir em cada jogador e o lucro aparecem no quadro ⁙.

Note que o *Book* está abaixo de 100% (97,58%). Se estivesse acima, não seria possível fazer a arbitragem, e você teria prejuízo se investisse nos dois jogadores.

Se uma das casas for a Betfair, você deve inserir o percentual de comissão dela na linha da *Odd* dessa bolsa esportiva, e não no percentual total. Caso queira investir um valor fixo em uma das casas e calcular quanto deve colocar na outra, marque a opção *Back Selection* em vez de *Total Stake*.

O maior problema de usar arbitragem é que a maioria das casas é interligada, e elas interpretam que essa estratégia é trapaça e podem cancelar seu investimento ao perceber o que você está fazendo.

É difícil encontrar em um mercado maduro (com liquidez) oportunidades de arbitragem. Na prática, é impossível um trader encontrar essas oportunidades sozinho e viver disso. Pode ser fácil encontrá-las em mercados com pouca liquidez, mas, graças à falta de volume, provavelmente o trade não será correspondido.

Essa não é uma forma usual de ganhar dinheiro com investimento esportivo. Há muitos traders profissionais no mercado, mas nunca ouvi falar de arbitrador profissional.

Quando uma pessoa faz um investimento, independentemente do método (que pode ser por arbitragem), ela é chamada de *Surebet*, pois não há prejuízos.

Dutching

Dutching é a combinação de vários investimentos, que garante lucro quando uma delas ocorre.

No jogo abaixo, podemos fazer a combinação, por exemplo, na vitória e no empate do Chelsea (essa imagem foi retirada de outra bolsa esportiva, apenas para exemplificação).

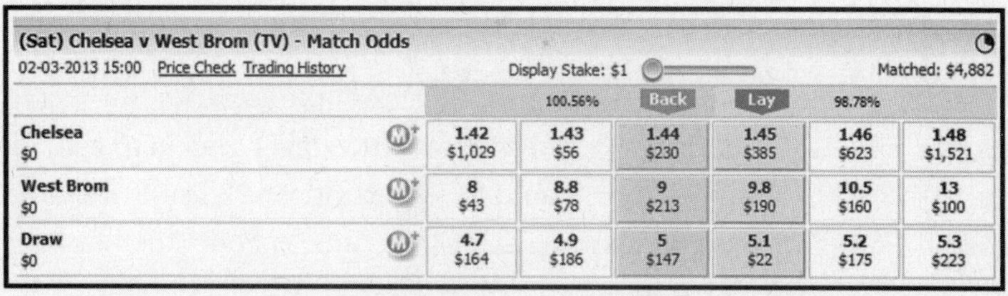

(Sat) Chelsea v West Brom (TV) - Match Odds
02-03-2013 15:00 Price Check Trading History Display Stake: $1 Matched: $4,882

	100.56%		Back	Lay	98.78%	
Chelsea $0	1.42 $1,029	1.43 $56	1.44 $230	1.45 $385	1.46 $623	1.48 $1,521
West Brom $0	8 $43	8.8 $78	9 $213	9.8 $190	10.5 $160	13 $100
Draw $0	4.7 $164	4.9 $186	5 $147	5.1 $22	5.2 $175	5.3 $223

Para fazer essa combinação, que daria um lucro igual, independentemente de ocorrer a vitória ou o empate do Norwich, usa-se a calculadora ArbCruncher (não é necessário caso esteja utilizando um software).

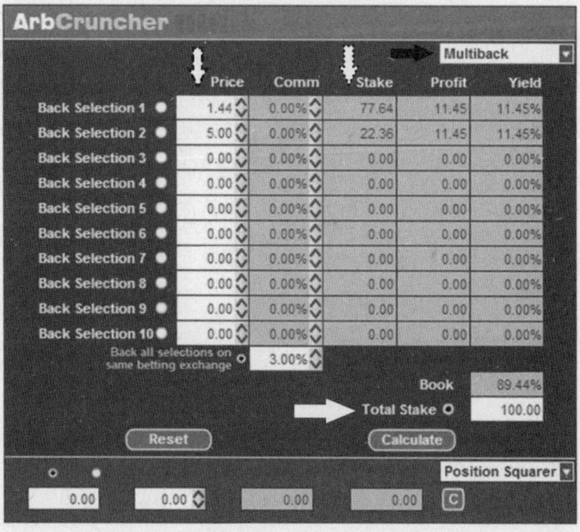

ArbCruncher — Multiback

	Price	Comm	Stake	Profit	Yield
Back Selection 1	1.44	0.00%	77.64	11.45	11.45%
Back Selection 2	5.00	0.00%	22.36	11.45	11.45%
Back Selection 3	0.00	0.00%	0.00	0.00	0.00%
Back Selection 4	0.00	0.00%	0.00	0.00	0.00%
Back Selection 5	0.00	0.00%	0.00	0.00	0.00%
Back Selection 6	0.00	0.00%	0.00	0.00	0.00%
Back Selection 7	0.00	0.00%	0.00	0.00	0.00%
Back Selection 8	0.00	0.00%	0.00	0.00	0.00%
Back Selection 9	0.00	0.00%	0.00	0.00	0.00%
Back Selection 10	0.00	0.00%	0.00	0.00	0.00%

Back all selections on same betting exchange: 3.00%
Book: 89.44%
Total Stake: 100.00
Reset — Calculate
Position Squarer: 0.00 0.00 0.00 0.00 C

Como esse *Dutching* consiste em dois investimentos em *Back*, marcamos a opção *Multiback* (➡), depois inserimos os valores das *Odds* (⇩), clicamos em *Total Stake* e colocamos o valor a apostar (⇨) para finalizar, então, clicamos em *Calculate*. A calculadora mostrará quanto teremos de colocar em cada investimento (⇩) e nosso lucro final (coluna *Yield*).

Quando investimos 77,64 dólares na vitória do Chelsea com a *Odd* em 1,44, e 22,36 dólares no empate com a *Odd* em 5, qualquer um desses resultados dará um lucro final de cerca de 11,45%.

Esse exemplo, na prática, poderia ser aplicado simplesmente investindo no *Lay*, contra o West Brom. O exemplo anterior foi usado apenas para fins didáticos. Na prática, podemos fazer *Dutching* cobrindo várias possibilidades, por exemplo, investindo na vitória do time A e no *Correct Score* em alguns placares do time B. Podemos também usá-lo em alternativas ao mercado *Under/Over*.

Se em um jogo qualquer você acredita que haverá pelo menos um gol marcado, e que o final da partida será *Under* 2,5, pode, em vez de investir nesse *Under*, fazer *Dutching* nos placares 0 × 1, 0 × 2, 1 × 0, 2 × 0 e 1 × 1.

Nesse exemplo, você ganha mais fazendo *Dutching* nos placares acima que investindo no *Under* 2,5, pois nesses placares foi excluído o 0 × 0 do *Under* 2,5, reduzindo suas probabilidades de ganho, mas aumentando seus lucros.

Também pode fazer *Dutching* utilizando outras casas, aproveitando as diferenças de *Odds* entre elas. O problema dessa opção é que algumas casas podem interpretar sua operação como arbitragem e cancelar o investimento.

Bookmaking

A estratégia *Bookmaking* é semelhante ao *Dutching*, porém, em vez de utilizar os investimentos a favor (*Back*), utilizamos a coluna contra (*Lay*).

Handicap asiático (*Asian Handicap* – AH)

Handicap é uma vantagem ou desvantagem que você pode dar a algum time no fim do jogo. Você pode usá-la como proteção ou como forma de aumentar seus lucros, caso acredite numa grande diferença entre duas equipes.

Exemplo: Chelsea × West Brom

Existe a seguinte opção no *Asian Handicap*: Chelsea (– 0,5). Isso significa que, no fim do jogo, você deve reduzir 0,5 gol do Chelsea. Se o jogo ficar em 2 × 0 para o Chelsea, com o *Asian Handicap* o resultado ficará 1,5 × 0. Com isso, você terá lucro. Agora, se o jogo ficar 2 × 2, com o *Asian Handicap* ficará 1,5 × 2, ou seja, o Chelsea, nesse mercado, terá perdido o jogo, e você terá prejuízo.

Você também poderia ter usado a opção Chelsea (+ 0,5). Com isso, caso o jogo ficasse empatado, seria somado 0,5 gol ao resultado do Chelsea, dando a ele uma virtual vitória, e a você lucro mesmo com o empate real.

Na prática, investir no Milan (+ 0,5) é o mesmo que fazer *Dutching* no Chelsea e no empate.

E por que usar o *Handicap*?

Tomando o exemplo do Chelsea para a análise, pagam-se melhores prêmios a investimentos iniciados com desvantagem. As *Odds* do Chelsea (– 0,5) estarão mais altas que simplesmente para o investimento a favor do time inglês. Por outro lado, os prêmios são menores quando se usa o *Handicap* a seu favor. As *Odds* do Chelsea (+ 0,5) estarão mais baixas que para o investimento a favor do Chelsea.

Existem outras opções para usar o *Asian Handicap*: quando aparecer a opção (– 0), significa que o empate foi excluído daquele resultado. Dessa forma, usando o exemplo anterior, se o Chelsea ganhar, você terá lucro; se ele perder, você sairá no prejuízo; se ele empatar, seu dinheiro será *devolvido*.

Se você investir na opção Chelsea (– 1) e ele ganhar por um gol de diferença, seu dinheiro também será devolvido. Você só ganhará se o Chelsea vencer por mais de um gol de diferença. Se ele empatar ou perder, você perderá todo o dinheiro investido.

Existe também a mistura entre essas opções, como o exemplo abaixo:

Pode existir num jogo a opção (– 0,25), que é a média das opções (– 0 e – 0,5). Nesse caso, pode aparecer escrito (– 0;– 0,5). Isso significa que você jogou metade de seu investimento no (– 0) e metade no (– 0,5). Na hipótese de você investir, por exemplo, na operação Chelsea (– 0,25), significa que se esse time ganhar, você terá lucro: ganhará no (– 0) e no (– 0,5). Caso o Chelsea empate, metade do investimento será devolvido (– 0) e metade perdido (– 0,5). Se o Chelsea perder, você terá prejuízo dos dois lados.

Existem vários valores para *Asian Handicap*, como (– 1,25), (– 0,75), (+ 0,25), (+ 0,75).

Handicap Europeu

Funciona de forma semelhante ao AH, porém, não existe a opção do empate.

Você pode investir, por exemplo, Chelsea (– 1). Se o Chelsea ganhar de 1 × 0, você perderá, pois virtualmente o jogo ficou 0 × 0, uma vez que se subtraiu um dos gols do Chelsea.

O *Handicap* Europeu também pode ser usado para você investir na diferença de gols entre as equipes.

Exemplo: Empate: West Brom + 1. Você só ganha se o Chelsea vencer a Lazio por um gol de diferença. Em qualquer outro resultado, você perde. Essa vantagem/desvantagem que se pode dar a uma equipe é chamada de *Spread*.

Técnicas *Under* 4,5, 5,5 e 6,5

Essa é outra estratégia para iniciantes. Caso o trader se sinta confiante com ela, não existe nenhum problema se usar esse método. Se você quiser "subir a banca", pode investir em jogos com tendência *Under* nos mercados *Under* 4,5 ou 5,5. Ainda que mais arriscados, eles lhe proporcionarão maiores lucros.

Under/Over 2,5

Quando há tendência de *Over*, você pode simplesmente investir no *Over* 2,5. Essa técnica é utilizada no mundo inteiro, em especial nos campeonatos inglês e holandês, que costumam ter elevado número de gols.

Por outro lado, você também pode investir no *Under* 2,5 em jogos com tendência a *Under*. O bom de trabalhar no mercado *Under* é que ele sempre corre a seu favor, pois, com o passar dos minutos, a tendência de haver muitos gols no jogo diminui e o valor da *Odd* cai. O mercado *Under* 2,5 também é o mais utilizado para as técnicas *Scalping* e *Swing Trade*.

Under 5 × ,5 no final do jogo com placar X

No final do jogo, o mercado é *Under* 5 × ,5 quando se tem × gols e as *Odds* estão entre 1,12 e 1,04.

Exemplo: o jogo está 2 × 0; o mercado *Under* 2,5 estará com *Odds* próximas a 1,06 faltando menos de um minuto para o término do jogo.

Quando estamos assistindo ao jogo sem *Delay* e podemos perceber que os jogadores estão satisfeitos com o resultado, podemos investir nesse mercado e apenas esperar que a partida chegue ao fim. Esse tipo de investimento dá lucro de forma tranquila, se você souber interpretar o jogo. Quando o jogo tiver muita movimentação, você não deve entrar nesse mercado – o mesmo serve se o último lance do jogo oferecer algum perigo.

Under 5 × ,5 no final do jogo com placar Y

Essa estratégia é semelhante à anterior, porém, você entra no jogo quando faltam cerca de vinte minutos para o término e a partida está com características de poucos gols. Nesse mercado, você deve investir num *Under* que lhe dê dois gols de segurança.

Exemplo: um jogo está 2 × 0; você deve entrar no *Under* 4,5, pois faltando vinte minutos para o término do jogo ainda podem ocorrer dois gols. Caso saiam dois gols rapidamente, você deve fechar a operação. As *Odds* nesse mercado estarão entre 1,01 e 1,02.

Técnica *Lay the Draw* (LTD) com proteção no Under 3,5

Essa é uma das estratégias mais famosas no mundo do trading, por isso, falarei dela com mais detalhes. Contudo, não pode ser utilizada sempre, e, em particular, não a utilizo tanto quanto o *Scalping*. A LTD é mais famosa em trading de futebol, e consiste em investir contra o empate – e assim que o favorito fizer um gol, fazer *Back* ao empate (o investimento estará mais alto), fechando o trading com lucro.

Essa técnica é mais usual quando há um claro favorito no jogo, com *Odd* entre 1,3 e 1,9, e a *Odd* do empate entre 3,6 e 6,2. Quando a *Odd* do empate está acima de 6,2, significa que o favoritismo do time principal é muito grande e o lucro do trading é pequeno, não compensando o risco.

Uma das formas de se proteger, caso não saiam gols, é colocar entre 25% e 30% de seu capital no *Under* 3,5 e os outros 75% a 70% no LTD. Quanto maior tendência a *Over*, menos se usa a proteção. O dinheiro deve ser aplicado assim que se inicia o jogo.

Nessa técnica, os dois mercados são fechados no momento em que o gol sai. Caso o time favorito marque no início da partida, seu lucro será de 3% a 5%; no meio do primeiro tempo, 6% e 8%, e no fim do primeiro tempo, entre 10% e 12%.

Em caso de 0 × 0 no primeiro tempo, é recomendável sair do mercado no intervalo do jogo, com lucro/prejuízo próximos de 0%

Se o não favorito (zebra) fizer gol, você terá um prejuízo entre 8% e 15%.

Veja a tabela a seguir com resumo dos lucros/prejuízos de acordo com o tempo em que ocorra o primeiro gol.

	Minuto		
	0 e 20′	21 e 35′	36 e 45′
Gol do favorito, lucro de:	3 a 5%	6 a 8%	10 a 12%
Gol da zebra, prejuízo de:	13 a 15%	10 a 13%	8 a 11%

A proteção no *Under* 3,5 garante que você saia do mercado sem prejuízos se o empate prevalecer no primeiro tempo. Nesse caso, você tem de fechar a operação nos dois mercados no intervalo.

Caso você tenha feito uma boa análise antes do início do jogo, o número de vezes que o favorito fará gols antes do não favorito (zebra) será muito maior, tornando essa estratégia lucrativa em longo prazo.

Técnica LTD com proteção no *Under* 2,5

Em alternativa à proteção no *Under* 3,5 você pode usar a proteção no *Under* 2,5, caso se sinta mais confortável com isso. Nessa hipótese caso, deve usar cerca de 20% do capital no *Under* 2,5 e 80% no LTD – e os percentuais de lucro/prejuízo são semelhantes ao da tabela acima. Com essa técnica, você também deve sair no intervalo se não houver gols, garantindo que não tenha prejuízos. Se sair um gol no primeiro tempo, você deve fechar a operação em seguida.

Técnica LTD com proteção no 0 × 0

Mais uma alternativa para a técnica LTD é usá-la com proteção no mercado *Correct Score*, especificamente no mercado 0 × 0. Nessa hipótese, você deve usar de 93% a 95% no LTD e de 7% a 5% no 0 × 0, isso lhe permitirá sair no intervalo sem prejuízos, caso o jogo ainda esteja 0 × 0. Se o favorito marcar no primeiro tempo, você terá um lucro entre 10% e 12%. Caso saia gol do não favorito, você terá um prejuízo entre 10% e 15%. Você também pode observar que o percentual de prejuízo é maior que o de lucro, mas deve entender que, com uma boa análise, estatisticamente terá mais lucros que prejuízos, o que fará que tenha bons resultados em longo prazo.

Técnica LTD sem proteção

Você também pode investir no LTD sem usar nenhuma proteção. Aqui, os percentuais de lucro e prejuízo são quase idênticos aos de cima, oferecendo apenas um pouco mais de lucro caso saia gol. Com essa técnica há prejuízo se a zebra marcar ou o primeiro tempo acabar em 0 × 0, sendo sempre recomendado sair no intervalo se você tiver feito 100% do investimento no início do jogo. Optando por essa técnica, você deve injetar dinheiro aos poucos.

Exemplo: 20% do capital no início do jogo, 20% aos 15', 20% aos 30', até colocar todo o dinheiro. Nesse caso, você pode esperar para sair até aproximadamente os 60' (15' do segundo tempo). Fazendo isso com calma, sem perder a cabeça, seu percentual de lucro diminui quando há um gol no começo, mas aumenta de maneira considerável quando sai um gol no final do primeiro tempo, podendo superar os 30%.

Também pode usar essa técnica injetando dinheiro aos poucos mesmo em jogos em que não há claro favorito, bastando apenas que tenha tendência a *Over*. Trabalhe, de preferência, em jogos com tendência a *Over* e nos quais os times precisem ganhar. Melhor ainda se um empate sem gols for muito difícil de acontecer, com um histórico ofensivo das duas equipes.

Técnica LTD com proteção no 0 × 0 e 1 × 1 ou 1 × 1 e 2 × 2

Essa técnica consiste em marcar grande parte dos possíveis resultados. Quando há um jogo com tendência a *Under*, usamos a proteção no 0 × 0 e 1 × 1. Quando o jogo está com tendência a *Over*, usamos a proteção no 1 × 1 e 2 × 2. Essa técnica pode ser utilizada fazendo *Dutching* – em vez de investir no LTD, investimos na vitória dos dois times. Você deve abrir a calculadora ArbCruncher na opção *Multiback* e colocar as *Odds* de *Back* dos dois times, nos dois resultados de empate mais prováveis.

Exemplo: jogo Chelsea × West Brom, com tendência a *Over*.

Você deve inserir na calculadora o *Back* no Chelsea, *Back* no West Brom, *Back* no 1 × 1 e *Back* no 2 × 2. O programa lhe mostrará quanto você deve investir em cada mercado – e também que terá um lucro entre 2% e 10%, caso um desses placares aconteça. Nesse tipo de operação é necessário aguardar até o final do jogo para obter o lucro total. Você só deve fechar o trading se o confronto perdurar no 0 × 0 por muito tempo ou chegar a ficar 3 × 2 ou 4 × 3. Nesta última hipótese, você provavelmente terá lucro, pois esse placar só se dará ao final do jogo.

Técnica LTD com proteção no *First Goal Odds* (71' a 80' e 81' a *Full Time*)

É uma técnica interessante, uma das minhas favoritas e que me possibilitou fazer crescer muito a banca quando estava me profissionalizando. No entanto, só a recomendo quando tiver mais experiência, porque ela é mais complexa que as anteriores – mas pode se mostrar mais segura que as LTD apresentadas.

Primeiramente, ela só deve ser utilizada quando houver um claro favorito na partida – e quando o jogo estiver com tendência a *Over*.

Existe um mercado chamado *First Goal Odds* (probabilidades do primeiro gol), no qual você investe no período de tempo em que sairá o primeiro tento da partida – nos primeiros dez, vinte, trinta minutos, até o fim da partida. Esse mercado não entra *In Live*, então, o investimento deve ser feito antes do início do jogo. Será necessário proteger cerca de 50% de seu investimento na partida, investindo em que o primeiro gol ocorrerá entre os 71' e os 80', e investir a mesma quantidade assinalando a opção "Entre os 81' e FT" (fim da partida). O montante gasto deve ser até 5% de seu investimento, fazendo as duas proteções. O restante deve ser investido no LTD. Assim que o favorito marcar, você fecha a operação.

É necessário, também, aguardar que o gol seja marcado até 70'. Se isso não acontecer, faça um *Back* no empate para ficar negativo em aproximadamente 50% de seu investimento, caso um dos times ganhe, e com cerca de 0% de lucro/prejuízo se o jogo ficar empatado. Nessa hipótese, depois da realização desse *Back*, em caso de empate seu lucro/prejuízo será em torno de 0. Um jogo empatado em 0 × 0 não lhe dá nada. A coisa muda de figura, porém, se um dos dois times ganha: você perde 50% do capital por ter investido a favor do empate, mas leva 50% do investimento por ter marcado o mercado *First Goal Odds*.

Se o primeiro gol acontecer depois dos 70' e a partida terminar empatada (o que não é muito comum acontecer), você ganhará um *Jackpot* (grande lucro conseguido geralmente por sorte), pois ficará com o de lucro/prejuízo no mercado LTD, mas terá um lucro de 50% no *First Goal Odds*.

Havendo gol da zebra antes dos 70', você tem de avaliar se deve sair do mercado com prejuízo ou se faz uma operação para ter lucro, por exemplo, apostando *Lay* na zebra, que no momento estará ganhando.

Técnica *Back* ao favorito com proteção no *Under* 3,5

As técnicas de investimento no favorito são semelhantes ao LTD, porém, possibilitam maiores percentuais de lucros e prejuízos. Esta técnica, especificamente, deve ser utilizada apenas por traders com muita experiência. Os novatos deverão fugir dela.

Com proteção no *Under* 3,5, use de 75% a 80% de seu capital no *Back* ao favorito e de 25% a 20% no *Under* 3,5. Dessa forma, você pode fechar o trading no intervalo caso a partida ainda esteja empatada em 0 × 0, com nenhum lucro/prejuízo. Se o favorito marcar, seu lucro deverá ficar próximo dos 20%. Havendo tento da zebra, seu prejuízo ficará próximo dos 40%.

Técnica *Back* ao favorito com proteção no *Under* 2,5

Usando proteção no *Under* 2,5, com cerca de 85% no *Back* ao favorito e 15% no *Under* 2,5, é possível atingir percentuais de lucro e prejuízo parecidos com o da técnica acima. Essa proteção deve ser utilizada quando o operador sentir mais confiança com ela em relação à proteção no *Under* 3,5.

Técnica *Back* ao favorito com proteção no 0 × 0

Também é possível utilizar a técnica do *Back* ao favorito com proteção no *Correct Score*, especificamente no 0 × 0. Nessa hipótese, utilize em torno de 93% a 95% do capital no *Back* ao favorito e 7% a 5% no 0 × 0.

Se não houver nenhum gol marcado no primeiro tempo, a operação poderá ser fechada sem nenhum prejuízo ainda no intervalo. O gol do favorito demanda que a operação seja fechada, e você terá um lucro próximo de 20%. Já no gol da zebra é necessário realizar uma análise fria e decidir se você continuará no mercado, tentando reduzir o prejuízo ao investir contra ela (que tem a vitória no momento), ou se deve fechar o mercado com o prejuízo atual. Lembre-se: às vezes uma pequena derrota é melhor que um desastre.

Técnica *Back* ao favorito sem proteção

Essa técnica é semelhante ao LTD sem proteção: para maximizar os lucros e reduzir os prejuízos, você deve injetar dinheiro aos poucos e sair assim que houver o prejuízo máximo aceitável.

Lay no favorito

Você pode fazer um *Lay* no favorito quando ele estiver empatando ou perdendo e não tiver ataque rápido. No segundo tempo as *Odds* variam muito depressa, e você pode fazer *Lay* quando a zebra estiver com o domínio de jogo, com a bola nos pés.

Lay na zebra

Consiste em investir contra a zebra, desde que a *Odd* não esteja muito alta (até 4,5). Você pode injetar dinheiro aos poucos, e caso não ocorram gols no primeiro tempo, feche com lucro de até 5%. Se houver gol do favorito, feche com lucro acima de 15%. Essa técnica não deve ser utilizada se a zebra estiver em casa ou se tiver um contra-ataque rápido.

As casas esportivas

Existem dezenas de casas de trading, mas só é possível fazer o trading propriamente dito em poucas delas.

Na maioria das casas, a única forma de fazer trading é investindo separadamente em cada opção. Você pode, por exemplo, investir no *Under* 2,5 e "fechar" o trade no *Over* 2,5, não existindo nessas casas o sistema *Back* e *Lay*. Para fazer o trading, a melhor opção das casas é a Betfair, pois em geral apresenta *Odds* melhores que das concorrentes (ausência de *Overround*).

Investimentos a seco

Caso você deseje fazer apenas um investimento e ganhar o "bolo" total, em vez de levar uma parte dele com o trading, ou seja, se quiser ser um apostador (também conhecido como *punter*), o ideal é procurar a casa que esteja pagando mais por esse investimento, e você deverá fazer isso pelo site Livescore (http://www.livescore.in). Ao selecionar o jogo, uma janela se abrirá e o trader poderá verificar qual casa está pagando mais – porém, a Betfair continua saindo por cima em mais de 90% dos casos.

Existe uma estratégia perfeita?

Em mercados maduros não é possível montar uma estratégia sem correr riscos. Em um jogo sem liquidez, é possível inserir valores no mercado para que seu trade se torne perfeito (arbitragem/*Dutching*/*Bookmaking*). Contudo, graças à falta de dinheiro investido pelos outros investidores no jogo em questão, seu investimento corre grande risco de não ser correspondido, ou pior, de ser correspondido apenas por uma parte.

Existem pessoas que passam anos procurando um sistema perfeito. Infelizmente (ou felizmente, quem sabe), essa operação não existe. Você deve procurar operações que lhe gerem segurança – e até pode procurar outros métodos, mas não fique correndo atrás da estratégia perfeita: se ela existisse, apenas algumas poucas pessoas conseguiriam ter lucro real no trading. No fim das contas, essa busca é uma perda de tempo, e você poderia estar gastando esses minutos (ou até horas) se aprimorando nas estratégias conhecidas e que, como se sabe, funcionam bem.

Para comprovar essa tese, apresento abaixo, com exemplos, como são definidas as *Odds* quando um mercado está maduro.

Jogo: Manchester City × Aston Villa.

Man City v Aston Villa Matched: USD 534,965 Refresh

Going in-play Live Scores Form Stats

Back & Lay Market Depth More options ▸

Selections: (3)	100.7%		Back	Lay		99.2%
Man City	1.66 $6845	1.67 $7650	1.68 $9361	1.69 $727	1.7 $7601	1.71 $3425
Aston Villa	5.9 $641	6 $3998	6.2 $889	6.4 $652	6.6 $4014	6.8 $737
The Draw	3.9 $1007	3.95 $1258	4 $2224	4.1 $289	4.2 $8352	4.3 $3931

Selections: (2)	100.5%		Back	Lay		99.5%
Under 2.5 Goals	2.06 $6988	2.08 $531	2.1 $332	2.12 $720	2.14 $14981	2.16 $5673
Over 2.5 Goals	1.87 $6719	1.88 $7891	1.89 $9737	1.91 $373	1.92 $224	1.93 $6411

Selections: (17)	101.8%		Back	Lay		97.9%
0 - 0	12.5 $1436	13 $1647	13.5 $1379	14 $2177	14.5 $1896	15 $1038
0 - 1	17.5 $170	18 $207	18.5 $300	19.5 $273	21 $171	28 $105
0 - 2	42 $72	44 $107	46 $156	48 $55	50 $69	55 $144
0 - 3	130 $36	140 $17	150 $11	180 $8	190 $24	200 $8
1 - 0	8.2 $335	8.4 $690	8.6 $516	9 $8	9.2 $286	9.4 $155
1 - 1	8.2 $431	8.4 $587	8.6 $591	8.8 $19	9 $292	9.2 $45
1 - 2	20 $146	21 $364	22 $420	23 $186	24 $31	25 $75
1 - 3	75 $41	80 $61	85 $99	90 $45	95 $17	100 $6
2 - 0	8.8 $485	9 $1125	9.2 $1023	9.4 $339	9.6 $179	9.8 $268

Imagine a seguinte situação: você faz uma análise e supõe que o jogo está com tendência a *Under* 2,5. O que compensa mais: investir no *Under* 2,5 ou fazer *Dutching* nos mercados *Correct Score* 0 × 0, 1 × 0, 2 × 0, 0 × 1, 0 × 2 e 1 × 1?

Abra a calculadora ArbCruncher:

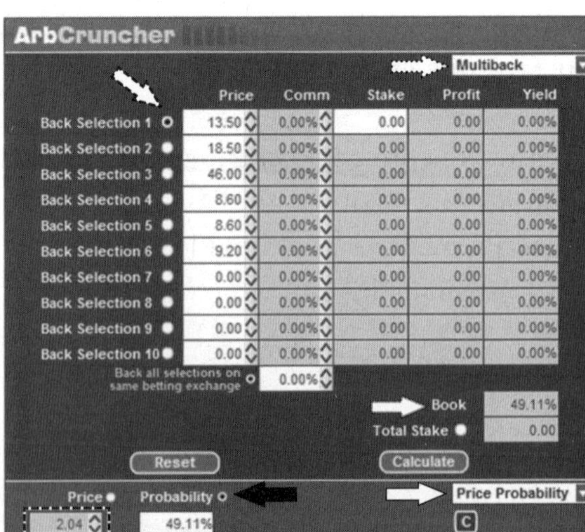

Deixe na opção *Multiback* (⇨). Em *Price* (⬉), coloque as *Odds* de todos os resultados *Under* 2,5, que são 0, 1 × 0, 2 × 0, 0 × 1, 0 × 2 e 1 × 1. Clique em *Calculate*. Aparecerá de quanto será o *Book* (⇨). Onde aparece *Position Squarer*, marque a opção *Price Probability* (⇨). Marque a opção *Probability* (⬅), digite nesse quadro o valor do *Book* e clique no ícone *C* do quadro (▣). Surgirá, no menu *Price*, o valor correspondente ao *Under* 2,5 (quadro ⬚).

Repare que esse valor está abaixo do valor *Lay* do *Under* 2,5, ou seja, se você quiser fazer uma *Back* no *Under* 2,5 por meio de *Dutching* e fizer um *Lay* no *Under* 2,5 (*Back* a 2,04 e *Lay* a 2,12), o prejuízo sempre virá. Para ter lucro, o valor do *Back* teria de ser superior ao *Lay*.

Isso prova que não existe estratégia perfeita – o que me leva a repetir que você não deve procurar *Odds* que lhe darão lucro em qualquer situação, pois em um mercado maduro, como o do exemplo acima, o valor do *Lay* sempre estará superior ao *Back*.

Você também pode se perguntar: é possível fazer *Back* nos dois times e realizá-lo no empate, garantindo lucro em qualquer situação?

Faça os cálculos utilizando a vitória dos dois times na calculadora ArbCruncher, conforme explicado acima, e você encontrará um *Price* de 1,32. O *Back* no empate está a 4. Utilizando a fórmula de transformar *Lay* em *Back*, que é [1 ÷ (*Odd* – 1)] + 1, conforme explicado, chegamos ao número 1,33, que está muito próximo do 1,32 encontrado na calculadora ArbCruncher.

Ou seja, você obterá aproximadamente o mesmo lucro se investir *Lay* no empate ou *Back* nos dois times. Esses números também mostram que um mercado maduro (com liquidez) está sempre em equilíbrio, e que não é possível um investimento que dará lucro sempre.

CAPITULO 7

Trading avançado

Sabemos que, descontando os acréscimos, um jogo tem noventa minutos – 45 em cada tempo. Todo bom conhecedor de futebol também sabe que, conforme o tempo passa e um placar é construído, o time que está perdendo fica estatisticamente mais longe de conseguir a vitória. Ainda assim, é no mesmo momento que o time perdedor pode tentar uma estratégia mais ousada para marcar um gol – o que também pode resultar em um contra-ataque fatal. Assim, investimentos no início do jogo não fazem tanta diferença, considerando que as probabilidades de mudança (mais pessoas investirem em uma ou outra possibilidade) não mudarão tanto no geral. E é aí que o conceito da *Time Bomb* entra em ação.

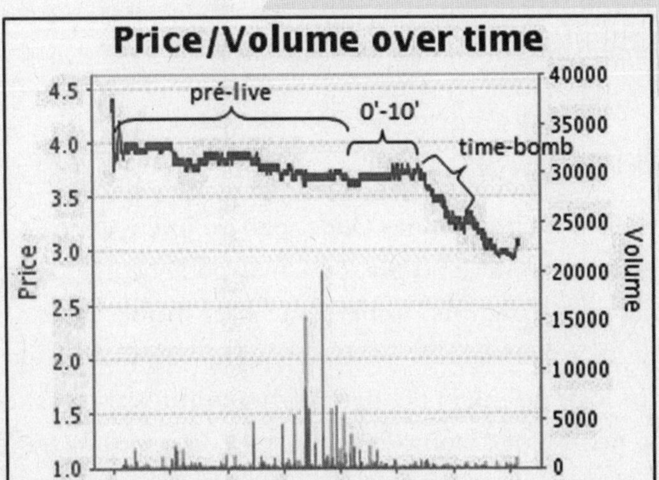

Repare no gráfico anterior. Nos momentos *Pré-live*, antes de o jogo começar, os investimentos não se alteram muito, assim como no início do jogo. Não se registram mudanças muito grandes. Quando o fim do jogo se aproxima, porém, e a partida fica mais eletrizante, as *Odds* variam de forma muito rápida. Traders que operam nos mercados *Over/Under* e *Correct Score* também conseguem visualizar em que momentos as *Odds* se movimentam mais depressa. As operações *Scalping* e *Swing Trade* são feitas, na maioria das vezes, nos períodos *Time Bomb*.

Para fazer *Scalping* ou *Swing Trade* nos períodos de *Time Bomb*, o ideal é que o trader faça esse tipo de operação assistindo ao jogo sem *Delay* (atraso que costuma ser causado pelo servidor e pela lentidão da internet).

O que aprendemos com isso? Que enquanto certas empresas necessitam de um grande acontecimento para ganhar ou perder seu valor, cada jogo de futebol é uma aventura diferente. Cada campeonato também é seu próprio universo e, sim, cada minuto é importante para o todo. Saber para onde o dinheiro vai é fundamental, e é aí que o conceito de "peso do dinheiro" aparece. Significa a visualização de onde há mais dinheiro – se é do lado comprador ou vendedor. Se houver mais dinheiro em apostas *Back* – a favor de um time, a tendência é de que as *Odds* subam. Se houver mais dinheiro em apostas *Lay* – contra um time –, a tendência é de que as *Odds* caiam.

Peso do dinheiro e *Spoofing*

Existe uma variação normal nas *Odds*, logo no início do jogo. Essa variação nem sempre acontece no pré-jogo, mas pode ocorrer às vezes. Uma cotação pode passar algumas horas sem variar muito. Depois que o jogo começa, porém, é normal haver uma pequena variação de até 10%, que pode ocorrer logo no início do jogo, porque muitos traders não gostam de trabalhar no pré-jogo (como é meu caso). Como muitos traders só aparecem depois que o jogo começa, isso causa um ajuste natural das *Odds*.

Um dos motivos pelos quais não gosto de entrar no pré-jogo é que alguma notícia de última hora pode aparecer (como uma contusão, por exemplo), e pegar todo mundo de surpresa, variando as *Odds*. Essa variação pode ser observada considerando o peso do dinheiro: se muito valor estiver acumulado em alguma tendência, é provável que a Odd se altere – e esse é um pré-requisito que deve ser observado.

Quando o jogo tiver início, mesmo que o time favorito não se mostre tão favorito assim, não significa que suas *Odds* vão subir. Para que isso aconteça, é necessário que a zebra esteja melhor e crie lances de perigo de gol, mostrando que ela de fato está pressionando e tem condições de ganhar o jogo. Se isso não for demonstrado, mesmo havendo certo volume de jogo, a *Odd* do favorito deverá se manter a mesma – e isso não é linear. São pessoas que cuidam disso, e existem certas "regras" de variação de *Odds*. Até que essas variações encontrem um valor justo – como se a Odd necessária fosse 2,2, o ajuste é definido no início da partida. O "desajuste" de 10% a 15% é feito nesse período, logo no começo do primeiro tempo. Prefira trabalhar num período com melhor variação de *Odds*, uma vez que você pode ficar muito tempo exposto e ter um lucro pequeno em períodos de pouca variação.

Quando o clube não é tão favorito na partida, essa variação de 10% a 15% é mais sutil: quando um time é muito favorito, isso tende a ter correspondência nas *Odds* – e o mercado, nesse caso, é justo. O resumo é: maior o favoritismo, maior a chance de o mercado acertar.

Em uma situação na qual a zebra está pressionando e você faz um investimento contra o favorito, que num contra-ataque acaba marcando, você terá certo prejuízo. Isso, porém, acontece no segundo tempo, seu prejuízo é muito maior.

Já o *Spoofing* é a tentativa de manipulação do mercado por alguém que tem muito dinheiro – isso não funciona em partidas que já tenham uma renda muito alta. Ele só pode ser realizado em jogos com pouco volume financeiro e significa que o investidor está querendo dizer que essa *Odd* não vai cair. Existe um suporte, e o preço deve ser mantido, dificilmente caindo. Isso pode fazer o mercado subir um pouco, e até por essa razão, o *Spoofing* só pode ser realizado em mercados mais simples. Ou é feito por alguém muito experiente ou por um leigo que deseja fazer uma aposta de risco e tentar ganhar uma bolada. Não é ruim para as outras pessoas, porque se o *Spoofer* (pessoa que faz *Spoofing*) tenta jogar uma *Odd* para cima, é possível investir em cima dela e buscar o lucro.

Suportes e resistências

Esses termos nasceram na Bolsa de Valores: existe uma leitura possível de fazer no mercado que envolve uma variação regular de preços. Suponha que determinado mercado tem uma variação de preço que vai de 1 real a 3 reais (apenas como exemplo demonstrativo). No período de seis dias, a ação começa em 1 real, sobe até 3 reais, começa a cair e volta para 1 real. É como se ela enfrentasse duas linhas imaginárias, uma em cima e uma embaixo, que não permitem que caia para menos de 1 real ou suba para mais de 3 reais – a linha de baixo é chamada de suporte; a de cima é conhecida como resistência. Quando o preço fura a resistência, a tendência é que suba. Ela, então, se torna o novo suporte, pois vai cair até o valor antigo novamente. Isso também pode ser feito no mercado de trading esportivo: As resistências, no mercado esportivo, são as *Odds*. Você não precisa ter gráficos complexos que indiquem o que está acontecendo, basta reparar no valor das *Odds*. No mercado esportivo é muito mais simples identificar suportes e resistências – basta indicar a variação das *Odds*.

Anote os seguintes números de *Odds*: 1,33, 1,50, 1,80, 2,00, 2,20, 2,50, 2,80, 3,00. Essas *Odds* são suportes e resistências. Isso significa que elas concentram uma grande quantia de dinheiro – imagine uma tabela que exibe todas as *Odds*. Em algumas *Odds* acima de 2,00, existe muito dinheiro concentrado, assim como na própria 2,00. Abaixo dela, porém, existe pouco dinheiro. Ela é um suporte ou uma resistência, dependendo do comportamento do mercado – se o preço estiver caindo, é um suporte. Se estiver subindo, uma resistência. Entenda que esses dois fatores representam a mesma coisa – uma linha que impede, temporariamente, a *Odd* de mudar (e o dinheiro de se concentrar em outras probabilidades). Depende apenas do rumo das probabilidades.

Existe um bloqueio, digamos assim, em 2,00 – e você percebe isso ao realizar que existe uma grande quantia de dinheiro concentrada ali. Em períodos *Pré-live*, essa identificação pode não ser tão fácil, mas uma vez que o juiz apita o início da partida, fica muito fácil identificar isso. Vamos supor que estejamos trabalhando em uma tendência de queda. Iniciamos nosso exemplo imaginando uma *Odd* a 3,10 com tendência de queda. Quando o preço bate em 3,00, encontra certo bloqueio para continuar caindo (um suporte). Naturalmente, vai cair com maior velocidade até atingir essa numeração (3,00), podendo fazer uma falsa "travessia do bloqueio" e cair para 2,98, 2,96, voltando para 3,00, subir um pouco para 3,02... Ela encontrará bloqueio para cair. Ao furar de verdade esse bloqueio (3,00) e atingir 2,94, por exemplo, acaba caindo rapidamente até 2,82, 2,84. Essa variação é muito rápida – variação 2,94 a 2,82. Pode acontecer de cair de 2,94 para 2,86, por exemplo. O que importa, aqui, é estar atento às *Odds* do início do parágrafo anterior.

Mais do que isso, **o trader deve identificar essas oportunidades de maior variação da *Odd* em menor espaço de tempo** para fazer ***Scalping* e lucrar**. Talvez esse seja o melhor conselho que posso dar a você. No entanto, esse espaço de maior variação (diferença citada no parágrafo anterior) não deve ser o único fator para investimento. É necessário também que o momento do jogo seja propício para esse investimento.

Um excelente momento para entrar no mercado, por exemplo, é na batida de um tiro de meta, quando o goleiro começa a enrolar e isso coincide com os períodos de variação rápida de *Odds*.

Repito: tenha os números de suporte e resistência fixados na cabeça, para saber se você se encontra em um período de rápida ou de lenta variação das probabilidades.

Como desenvolver minha estratégia?

Depois de ler – mais de uma vez, espero – sobre todas as estratégias citadas, você ainda pode estar um pouco confuso. E isso é normal! Ainda que a teoria esteja bem clara, podem existir receios na hora da prática. Sendo esse um mercado tão amplo, com tantos mercados abertos, é normal que exista um pouco de insegurança. Isso se torna ainda mais fácil de entender e explicar se considerarmos que o mundo do futebol é imensamente complexo – engana-se aquele que tenta definir o esporte como 22 homens que correm atrás de uma bola. Como já conversamos por aqui, cada campeonato tem suas peculiaridades. Dentro desses campeonatos, existem detalhes inerentes a cada um. Nesses pontos específicos podemos nos deparar com rivalidades, séries históricas (um time que está há muito tempo sem tomar gol, um goleador que está fazendo pelo menos um gol por partida) e, nesse caso, só existe uma solução para dominar os mercados nos quais você deseja atuar: estudar. Ler sobre os times. Analisar resultados anteriores. Forçar-se a se tornar um *expert* no assunto.

Mesmo assim, depois de tudo isso, ainda será preciso desenvolver uma estratégia que funcione bem para você – como já é de comum conhecimento, nem tudo que funciona pode ser aplicado para qualquer pessoa. Se existe um perfil clássico de trader esportivo, existem outras dezenas de "miniperfis" – alguém que se arrisca mais, que tem costume de trabalhar nas tendências *Over*, outro que prefere operar sempre que o *Under* está mais interessante; quem busca o mercado de resultados, de número total de gols etc.

E esse é o primeiro ponto para definir sua estratégia. Tire algum tempo – vai depender de você, e não tenha pressa – para responder à seguinte pergunta: qual mercado você conhece melhor? Que campeonato ou time você mais gosta de acompanhar? Depois de encontrar essa resposta, descubra que local para operar o deixa mais confortável. E não basta apenas a afinidade: é importante testar essas estratégias e esses mercados durante o jogo para entender, enquanto a bola rola, qual deles se comporta melhor – em inúmeras características diferentes: numa partida muito movimentada, em um jogo com muitos gols, num confronto que parece imprevisível. Se suas estratégias renderem retornos percentuais altos, analise as melhores proteções para suas operações.

Por exemplo: se você gosta do *Back* ao favorito, precisa considerar o que fazer se a zebra marcar um gol. A saída correta é fazer uma proteção no 0 × 1 ou no 1 × 1? Mais que isso: quanto utilizar para a proteção?

Essas perguntas podem parecer difíceis de responder, mas essa é, sem sombra de dúvida, a melhor maneira de entender como você deve operar – e lembre-se de que depois que a prática houver sido exercitada, essas decisões virão facilmente à sua cabeça. Enquanto isso não acontece, faça sempre simulações, salve as telas com as *Odds* e os resultados de cada jogo analisado (com *Print Screen*) e realize cálculos na ArbCruncher.

É importante ressaltar: só passe a utilizar uma técnica com frequência quando você se sentir confortável com ela.

E se eu criar uma nova estratégia? Devo divulgá-la ou guardá-la para mim?

Esse tipo de pergunta é normal, especialmente se notarmos que esse é um mercado competitivo – na Betfair, como você já sabe, seus investimentos são colocados diante dos de outras pessoas, desde seu vizinho até um investidor que mora no Japão. Essa conclusão, se feita de maneira rasa, pode levar à compreensão de que estratégias boas e inéditas devem ser guardadas a sete chaves, como se isso fosse aumentar seu lucro e lhe oferecer uma vantagem imensa em relação aos outros traders.

A verdade é que divulgar uma nova estratégia só pode lhe gerar benefícios. Lembra-se de quando, algumas páginas atrás, você descobriu que um mercado maduro sempre está equilibrado? Pense um pouco nisso em relação à pergunta que você acabou de fazer para si próprio. Se um mercado maduro traz esse equilíbrio, uma nova estratégia que chegue aos ouvidos de outros traders será utilizada em demasia, levando a um desequilíbrio momentâneo nas *Odds* – e a um aumento na liquidez do mercado. Depois disso, outros traders encontrarão uma forma de se beneficiar desse desequilíbrio, para que as coisas se normalizem logo em seguida.

Eis um exemplo que pode esclarecer melhor as coisas:

Consideremos que você desenvolveu uma estratégia utilizando *Lay* no empate. Se essa estratégia for mesmo efetiva e se tornar pública, muitas pessoas aplicarão seu dinheiro no *Lay* no empate, fazendo com que as *Odds* desse resultado aumentem de modo considerável. Depois disso, outros traders perceberão que o valor das *Odds* do empate estão altas demais, e acabarão investindo no *Back* no empate com alguma proteção, aproveitando a subida nas *Odds*. Isso gerará o desequilíbrio já citado e, em curtíssimo prazo, as *Odds* do empate cairão e voltarão ao equilíbrio novamente.

Concluímos, então, que o autor de uma nova estratégia causará o aumento no volume dos jogos ao divulgá-la, tornando-a mais interessante ainda, pois quanto maior o volume, melhor fica o trading.

Mas... Existe uma estratégia perfeita, dentre aquelas descritas?

Não! Da mesma maneira que um time de futebol não pode manter o mesmo esquema tático contra todas as equipes que enfrentar. Já pensou num time que enfrenta o Barcelona e depois bate de frente com o último colocado do campeonato espanhol? Utilizar a mesma estratégia contra o time mais fraco (uma provável retranca e investimento nos contra-ataques) seria loucura, especialmente considerando que muitos fatores podem mudar de jogo para jogo, como cartões, contusões, escalação, treinamentos durante a semana, mando de campo etc.

A melhor estratégia é aquela à qual o trader se adapta melhor e que, em longo prazo, gera melhores lucros. É por isso que muitos técnicos de futebol desenvolvem formações "padrão" para seus clubes, que diferem entre si. Ainda que a base seja a mesma e os objetivos também se assemelhem de vez em quando, é preciso abordar situações diferentes de formas diferentes. Esse é mais um motivo para manter um diário de suas operações, para que seja possível entender em qual estratégia existiu uma melhor adaptação. Nesse mesmo diário – que pode ser uma simples página do *Word*, por exemplo –, não se esqueça de anotar prós e contras das estratégias. É essa, ironicamente, a melhor forma de obter lucro.

E você não deve economizar nisso: faça cada palavra valer, para que você consiga entender o que acontece, em qual situação e em que jogo você se deu bem ou mal. Ter essas anotações sempre à mão é como ser aquele amigo que se lembra de cor a escalação do Brasil na Copa de 1970 – ou melhor, é ser ainda mais eficaz que ele: suas anotações, afinal de contas, podem influenciar seus lucros posteriores, enquanto saber a escalação de grandes seleções serve apenas como curiosidade – ou, no máximo, para ressaltar como a atual seleção brasileira está precária.

E como testar a segurança com suas estratégias?

Em um jogo com *Odds* equilibradas entre time da casa e visitante, com tendência de *Under*, por exemplo, a melhor técnica pode ser o *Under* 5,5 ou *Scalping* em momentos frios do jogo. Já num jogo com um claro favorito e tendência a *Over*, você pode aplicar o LTD com proteção no *Under* 3,5 ou no *First Goal Odds*, ou até *Over* 2,5 se o jogo se mostrar aberto. Eu gosto muito dessas opções. E você? Não sei, mas espero que só utilize as técnicas de sua preferência quando se sentir verdadeiramente confiante com cada uma delas. Caso contrário, o melhor a fazer é esperar, voltar a analisar cada tática possível e testar.

Aproveite todos os bônus que você coletou nas dezenas de casas disponíveis por aí: com um prejuízo pequeno em jogo, é muito mais fácil simular o que pode ou não funcionar nos jogos posteriores – e aqui é muito bom observar que o futebol não para de acontecer ao redor do mundo: não estamos falando de uma janela de oportunidade, como se você só pudesse fazer operações de trading esportivo nas Copas do Mundo, a cada quatro anos. Sempre haverá a Liga Inglesa, a UEFA Champions League, a Sul-americana, a Copa do Brasil, o Brasileirão, os campeonatos estaduais, o Mundial de Clubes etc. Aproveite!

Acompamhamento de *Odds*

Digamos que você esteja aplicando suas estratégias. Feito isso, é extremamente comum que, em jogos com claros favoritos, as *Odds* deles cresçam e as da zebra se mantenham, enquanto as *Odds* do empate caem. Se o trader não estiver assistindo à partida, pode supor que o favorito não está fazendo pressão (ou que a zebra está fazendo), causando essa mudança nas probabilidades. Nesse caso, o amador corre para fechar o trading, tomando prejuízo e concluindo que a zebra vai marcar. Novamente, isso é apenas uma suposição, uma vez que não estará assistindo ao jogo. Também é bastante comum que, alguns minutos depois, o favorito marque e o trader passe a se lamentar, sabendo que deveria deixar sua posição em aberto.

Esse tipo de situação me faz pensar que o trader, em casos assim, coloca-se em um quarto vazio e escuro, com o objetivo de encontrar a porta. Sem o sentido mais importante nessa situação – a visão –, ele precisa utilizar o tato e buscar, por meio do toque nas paredes, a saída – tendo um tempo limite para ter sucesso. Sem a visão – que, no caso do trading, é deixada de lado por displicência do operador –, as chances de realizar a tarefa no tempo requisitado caem, e muito. No fim das contas, a maioria vai desistir, lamentando-se em seguida, pois estava muito perto do êxito.

Nessas horas, o vício na rotina de trabalhar com outras pessoas e ter a facilidade de culpá-las pode derrubar o trader, uma vez que não existe colega de trabalho, chefe ou trânsito para responsabilizar. Esse é um dos diferenciais de trabalhar nesse mercado: seus erros são apenas seus, e não existe outra pessoa para culpar. Casos assim provocam duas reações distintas:

- Passar um longo período se lamentando. A lamentação geralmente fica mais forte à medida que o valor do prejuízo aumenta. O trader vai pensar na exata soma de dinheiro que perdeu, em como não poderia ter sido displicente, e que aquele dinheiro vai demorar para ser obtido novamente. Esse tipo de reação é a pior possível, pois tende a tirar o foco do trader, deixando-o inclusive nervoso para os próximos jogos nos quais for investir. Angustiado e amedrontado pelos erros do passado, ele pode titubear nas horas erradas e voltar a se exacerbar, pondo tudo a perder.
- Ter dificuldade para aceitar os erros. Aceitar os erros não é fácil, mas é a única alternativa para seguir em frente e evoluir. Sabendo disso – e tendo em mente que ninguém nasceu expert em nada, além de chorar e dormir –, o jeito é levantar a cabeça e seguir adiante, mais atento e disciplinado, para que os mesmos erros não aconteçam novamente. Essa é a melhor maneira de lidar com esse tipo de problema, porque denota maturidade, crescimento pessoal e profissional. Um trader que consegue enxergar uma falha, lamentar-se apenas pelo tempo necessário e usar o erro para evoluir terá um caminho muito bom pela frente.

Não estou dizendo que "lidar com o baque" é fácil e acontece de primeira, mas a questão é que a vida não é fácil. Você precisará ter força de vontade para tudo aquilo que quiser conquistar, quer seja um bem material quer não. E no trading esportivo não é diferente. A parte boa é que com essas dicas, nos capítulos anteriores e nos próximos, ficará muito mais fácil lidar com esse tipo de problema – e você terá nas mãos todo o necessário para ser bem-sucedido.

CAPÍTULO 8

Além do trading

Estudos. Disciplina. Cabeça no lugar. Frieza. Raciocínio rápido. Essas são algumas das características que foram explicadas até aqui para a caminhada de um trader esportivo rumo ao sucesso. Você também encontrou algo sobre um diário de um trader, lembra? Sobre a necessidade de anotar tudo aquilo que você realizou na Betfair e nas demais casas. Chegou a hora de entender por quê.

Imagine a seguinte situação: você se encontra no meio de um jogo cujo montante de dinheiro investido já ultrapassou há muito a casa dos milhões. Um jogaço daqueles que reúne centenas de milhares de pessoas em frente à TV, prontas para suar frio enquanto seu time favorito joga. Um espetáculo para ninguém botar defeito, daqueles que estampam capa de jornal e viram temas de infinitas discussões nas mesas-redondas jornalísticas e nos almoços do trabalho. O assunto, no dia seguinte, não será outro. E você está operando.

Você precisará respirar fundo (quantas vezes for necessário) e entender que essa é a hora de brilhar, de ir longe, de conseguir usar tudo o que aprendeu no teste – e passar, se fizer tudo direito. Ainda assim, a pressão é grande, e sua memória pode sair prejudicada, ainda mais se você estiver contando apenas com ela. Quem reforça isso é o respeitadíssimo neuroendocrinologista Robert Sapolsky, em trecho do livro *Estresse and memory*:

> Todos nós também já passamos pela experiência oposta quando estamos estressados. Na primeira vez que encontrei a família de mi-

> nha futura esposa, sentia um nervosismo dos diabos; durante um jogo de palavras terrivelmente disputado depois do jantar, pus a perder a liderança da equipe composta por mim mesmo e por minha futura sogra com a total incapacidade, num momento crítico, de lembrar a palavra "caçarola". Alguns casos de falha de memória estão ligados a traumas infinitamente maiores: o veterano que passou por alguma catástrofe de batalha impronunciável, alguém que sofreu abuso sexual na infância – para quem os detalhes se perdem numa névoa amnésica. O estresse pode atrapalhar a memória.
>
> Para pesquisadores que estudam o fenômeno, como eu, essa dicotomia é bastante familiar. O estresse melhora algumas funções em certas circunstâncias e as atrapalha em outras. Pesquisas recentes mostram como situações estressantes leves ou moderadas melhoram a cognição e a memória, enquanto as fortes ou prolongadas prejudicam essas capacidades.

Assim, é imprescindível que você mantenha um diário de suas operações. Ele será usado para o aprendizado, com a intenção de que você evolua diariamente; mas também há de ajudá-lo muito com seus futuros jogos numa hora de possível nervosismo – e de falha da memória.

Na hora de começar um diário, tenha alguns quesitos obrigatórios em mente:

- Quais eram os times em confronto?

  Um jogo entre Barcelona e Real Madrid é muito diferente de um Barcelona e Espanyol, por exemplo. A primeira coisa é entender o peso do confronto em relação aos dois times que disputam a vitória.

- O que está em jogo?

  Estamos falando do Campeonato Espanhol? Da Copa do Rei? De uma fase eliminatória da Champions League ou um confronto pela fase de grupos, na qual um dos dois times já está classificado? A situação do jogo pode influir em muitos aspectos, incluindo...

- Escalação

  Se o goleador do time está fora da partida, o clube pode marcar menos gols. Se o goleiro está lesionado, gols podem ser sofridos. Jogadores importantes estavam suspensos na época da partida?

- Clima da partida

  O jogo esteve quente desde o início e depois esfriou? A partida começou morna e ficou assim até o fim? Quais foram os momentos-chave do jogo? Esse quesito específico não apenas cria um histórico pessoal – e mais detalhado que aqueles que você vai encontrar em sites especializados em futebol –, como também pode justificar o próximo quesito.

- Operações feitas

Esse é o principal tópico, o motivo de você manter seu diário. Sabendo com detalhes sobre os outros fatores, você conseguirá entender cada operação que fez, mesmo que o jogo tenha sido realizado há meses. Assim, entenderá por que tomou cada atitude, se deu certo ou não, e levando isso em conta, poderá comparar tudo o que realizou com aquilo que está para realizar – ou não. Essa é a melhor maneira de justificar suas operações (lembre-se de que tomar uma atitude sem ter um porquê pode levá-lo a ter prejuízo, e você não terá mais ninguém para culpar). Se você não provou que vale a pena correr o risco por aquele determinado jogo, não deve operar nele. Existem boas avaliações que dão prejuízo, sim, mas essas são obras do acaso – e muito raras nesse mercado. Em caso de avaliações ruins, o diário vai lhe mostrar que o caminho escolhido ali

> deve ser evitado, enquanto boas operações vão mostrar que se as condições da partida forem semelhantes, você poderá ter lucro. E é isso que importa: os prejuízos são inevitáveis, mas os lucros devem superá-los.

Manter esse diário pode ser trabalhoso no começo – e, mesmo depois, você pode, por se sentir seguro o suficiente, querer abandoná-lo. Não faça isso. Deixar que o egocentrismo o cegue e que a soberba tome conta de suas decisões é uma das coisas que separa os amadores dos profissionais. O diário, por sinal, é uma das maiores provas de que um trader opera seriamente e é um profissional que deve ser respeitado e levado a sério.

Existe um exímio operador da Bolsa de Valores chamado Alexander Elder. Nascido em Leningrado e criado na Estônia, onde iniciou seus estudos de Medicina, Elder trabalhou como psiquiatra em Nova York e foi professor da Columbia University. Com diversos artigos e resenhas publicados no mundo acadêmico, fundou, em 1988, a Financial Trading Seminars, uma empresa de ensino para comerciantes. Alexander atua como consultor de empresas hoje em dia, e no livro *Aprenda a operar no mercado de ações*, define muito bem a importância da escrituração:

> Os bons operadores mantêm boa escrituração. Eles o fazem não só para seus contadores, mas principalmente como ferramentas de aprendizado e disciplina. Sem boa escrituração, como medir seu desempenho, avaliar seu progresso e aprender com os erros? Quem não aprende com o passado está condenado a repetir os erros (...) Sempre que você resolver melhorar seu desempenho em qualquer área da vida, o registro de resultados será útil. Se quiser se tornar o melhor corredor, a anotação de suas velocidades é fundamental para o planejamento de melhores exercícios. Se o problema for dinheiro, a escrituração e análise de todas as despesas revelarão tendências

> perdulárias. A escrituração escrupulosa concentra o foco nos problemas e cria condições para seu aprimoramento (...) Os operadores fracassam por impaciência e falta de disciplina. A boa escrituração o distingue da multidão do mercado e o lança na trajetória para o sucesso.

E como colocar esse controle emocional em prática? Acompanhe mais um case operado por mim, como exemplo, numa partida entre Palmeiras e Fluminense realizada pelo Brasileirão em 14 de junho de 2015.

Análise pré-jogo:

Palmeiras: conta com o reforço de Cleiton Xavier e Alecsandro (que começará no banco de reservas). É injusto dizer que o clube é ruim ou tem jogadores de baixa qualidade, pois a verdade é que o elenco é forte e muito melhor que o do Fluminense. O fato de ter empatado em casa com o Atlético Mineiro e o Internacional não é motivo para deixar a equipe desacreditada. Seu adversário de hoje é o mais fácil entre os que já enfrentou até agora em casa!

Fluminense: Fora de casa venceu o Flamengo (que teve um início de competição terrível) e foi goleado pelo Atlético Mineiro. O grande problema é que o Fluminense é o clube brasileiro com mais dependência de um único jogador, e este é Fred, que está lesionado. Além dele, Wagner também não estará jogando, e assim, o Fluminense perde muita qualidade em seu meio-campo. Esses dois desfalques são extremamente importantes, vão obrigar a equipe a jogar de outra maneira, ficando com menos qualidade no passe e na finalização.

Observação de valor antes do jogo: O momento não é bom para nenhuma das duas equipes, mas o Palmeiras joga em casa, tem um elenco mais forte e enfrenta um clube que está com enormes desfalques. O fato de o Fluminense ter de alterar seu jeito de jogar e ainda estar sem seu homem-gol (Fred) faz que as chances de derrota aumentem consideravelmente. A vitória do Fluminense é muito improvável, sendo mais provável o empate ou a vitória do Palmeiras.

Trading no jogo: pelo o fato de a equipe e o momento do Palmeiras não serem tão bons, apesar do favoritismo, não fiz nenhuma operação no início; apenas observei o jogo. Com a pressão inicial do Palmeiras, apesar da falta de criatividade e o fato de o Fluminense estar desorganizado, fiz um trading CONTRA o Fluminense, com *Odd* a 5,9, comprometendo 100 dólares. Aos 16', para minha surpresa, Magno Alves toca para trás, buscando Vinícius, mas aparece Jean na entrada da área, inaugurando o placar para o Fluminense: 0 × 1. A *Odd* cai para 2,4, e se eu fechasse a posição, teria um prejuízo de aproximadamente 28 dólares.

Esse é um momento crucial do Trader: é necessário trabalhar com frieza para analisar o jogo, sem deixar que o emocional o afete – como você já percebeu nas páginas anteriores, aprendendo as ferramentas necessárias para colocar isso em prática.

Tive frieza na hora e percebi que foi sorte do acaso, que o Palmeiras era melhor e o Flu estava desorganizado. Continuo assistindo ao jogo, sem fazer nenhum investimento. Alguns minutos depois o Palmeiras volta a pressionar e quase empata com Cleiton Xavier, momento em que o time volta a crescer. Resolvo aumentar meu investimento CONTRA o Fluminense, investindo 150 dólares, com a *Odd* a 2,36, tendo investido no total 250 dólares.

No final do primeiro tempo, Rafael Marques empata para o Palmeiras e a *Odd* do Fluminense sobe para 5,5. Nesse momento, fecho minha operação com 58 dólares de lucro (aproximadamente 179,80), conseguindo transformar um prejuízo em lucro.

Agora é hora de você responder a uma simples pergunta: está disposto a ser um operador?

Eu espero que sim.

Planilha de operações

Ainda que o diário seja primordial para uma vida profissional no trading esportivo, ele não é o único recurso que você deve utilizar para ir além nessa profissão. Se você realmente deseja ir mais adiante, não deixe de ter também uma planilha com os resultados de todas as suas operações, que mostrem seus lucros e suas perdas – além do montante final. Ela não precisa ser complexa, difícil de entender e analisar. Basta que sirva como um acompanhamento de seus resultados, com números simples. Ela também deve conter seu gráfico de patrimônio, exibindo a data de início, seu objetivo e quanto ainda será necessário para atingi-lo.

Você pode usar a planilha também para fazer uma contagem em direção ao objetivo supracitado.

Digamos, por exemplo, que seu objetivo é iniciar com 300 dólares e chegar aos 2 mil dólares. Esse objetivo pode ter mil motivos: você quer bancar uma viagem para a Europa, investir em outros cursos, ajudar familiares, quitar algumas dívidas... Não importa. Tenha sempre em mente um objetivo. E com os números propostos, considere uma taxa média de retorno de 2% por trade, seguindo o exemplo daquilo que conversamos sobre juros compostos. Assim, é possível fazer uma contagem regressiva de 95 trades, "riscando" cada quadro realizado e mostrando quanto falta para que seu objetivo seja atingido.

Gestão da banca

Digamos que você deseja investir, durante um mesmo jogo, em diversos mercados diferentes – nas probabilidades do vencedor, no mercado de gols, em qual time marcará o próximo tento, enfim... em diversas situações diferentes. Se seus recursos forem escassos, essa é a pior opção possível. Assim como em qualquer mercado, quando você dispõe de pouco dinheiro precisa concentrá-lo em algum lugar.

A situação muda de figura, porém, se seus recursos forem abundantes. Nesse caso, diversificar é a melhor opção – ou, como diz o ditado, colocar os ovos em várias cestas.

O trade só se tornará interessante para um investidor que conta com poucos recursos se ele apostar toda a banca – o tal do *All in*. Tentar gerir a banca com poucos recursos resulta em lucros financeiros insignificantes – e estamos falando de muito menos que aqueles 2% que discutimos muitas páginas atrás. Sem utilizar a totalidade da banca, seu risco de prejuízo diminui, mas os lucros acompanham a mesma linha de ação.

Gambling: você está viciado?

A definição de vício é simples: um hábito repetitivo que degenera ou causa algum prejuízo ao viciado e aos que com ele convivem. Ainda que a ciência tente explicar as origens do vício, ela acaba caindo em contradição, pois o conceito científico não pode prescindir de moral ou ética (ao menos no sentido social), portanto, não pode ser quantificado ou isolado.

Fugindo da ciência, porém, sabemos que o vício existe e está por aí. E os tipos de vício são quase incontáveis. Só para enumerar alguns exemplos, existem pessoas viciadas em drogas (desde álcool ou cigarro até entorpecentes ilegais, como cocaína, crack, heroína); viciados em trabalho (aqueles que não conseguem viver uma vida normal, pois só pensam em suas funções profissionais e em como podem melhorar de vida); pessoas viciadas em sexo (que, apesar de ser um vício tratado muitas vezes como "brincadeira", afeta a vida de muitas pessoas, que acabam colocando sua saúde em risco por causa desse problema). No mundo atual, contamos até com pessoas viciadas nos próprios celulares. E o vício no mercado de trading esportivo também está nessa lista – muito por ser algo excitante com que trabalhar, como com ações ou commodities.

Para entender se você está se viciando no mercado, responda a algumas perguntas:

1. Você está gastando mais tempo no mercado do que deveria?
Lembre-se de que, diferentemente de trabalhos comuns, nos quais você tem um horário certo para entrar e sair, o trading pode ser realizado em casa – e a qualquer horário, bastando que um jogo corresponda ao tempo em que você está on-line. Se você perceber que está, de fato, ficando muito mais tempo que o necessário, esse é um sinal amarelo. Precisa tomar cuidado, dar um passo para trás e se policiar.
2. Sua vida social foi influenciada pelo mercado?
Um dos motivos para se tornar trading esportivo é a possibilidade de ter mais tempo – e recursos – para aproveitar sua vida social. Seja para encontrar os amigos, curtir mais tempo com sua família, realizar programas que demandem mais de sua agenda (e de seu bolso), dentre muitas outras coisas. Se em vez de conseguir mais tempo bem aproveitado sua vida parece estar cada vez mais "apertada" nesses aspectos, saiba que você está lidando com dois sinais amarelos.
3. Você envia dinheiro compulsoriamente para as casas de trading esportivo?
Se você perceber que está se desfazendo de um dinheiro importante para investir no trading esportivo, mesmo sofrendo seguidos prejuízos, acenda o sinal vermelho. Perder a noção de seus investimentos (em consequência de um diário e uma planilha desorganizados) mostra que você não está mais nessa para ter uma renda extra, buscar uma nova profissão, estudar e evoluir: o mercado do trading esportivo se tornou um vício para você. Essa situação é levada tão a sério pelas casas que a Betfair tem uma área destinada ao jogo responsável

(*Responsive Gambling*), que é muito extensa, por sinal. Lá é possível encontrar conteúdos muito interessantes, como uma parte específica com dicas para que os investimentos no mercado financeiro continuem saudáveis. A Betfair também criou a própria lista de perguntas que podem ajudar alguém a identificar um problema. São elas:

a) Outros já criticaram seus investimentos?
b) Você faz isso para escapar de uma vida entediante ou infeliz?
c) Brigas, frustrações e desapontamentos fazem que você queira investir?
d) Você investe sozinho, sem nenhum acompanhamento (nesse caso, estudos, estratégias, qualquer embasamento) por períodos longos?
e) Você fica longe de outros empregos ou estudos para investir?
f) Você já mentiu para não revelar o tanto de dinheiro ou tempo que passou investindo?
g) Você roubou ou emprestou dinheiro para manter seus hábitos?
h) Você fica relutante em gastar o dinheiro que poderia aplicar nos investimentos em alguma outra coisa importante?
i) Você perdeu interesse em sua família ou em seus amigos por causa do mercado?
j) Depois de perder dinheiro, você sentiu que precisaria voltar e ganhar a mesma quantidade o mais depressa possível?
k) Quando você fica sem dinheiro nos investimentos, sente-se perdido ou desesperado?
l) Você investe até que sua última moeda vá embora?
m) Você se sente deprimido ou até suicida por causa dos investimentos?

É claro que essas perguntas são ainda mais sérias porque a Betfair, por ser o site que possibilita todo o trading, sente-se na obrigação de ser muito mais cautelosa – diferentemente deste livro, que tem como objetivo pavimentar todo o caminho do trading esportivo da maneira mais didática e segura possível, só oferece o lugar para investir. Eles têm até um setor de autoexclusão, para que você pare de enviar dinheiro ou de fazer investimentos durante um período específico.

Não deixe que o trading esportivo domine sua vida: domine-o, tenha a cabeça no lugar e seu futuro será muito próspero.

CAPÍTULO 9

A pergunta que você quer fazer agora: é possível quebrar?

Para ser franco, assim como em qualquer outra situação da vida, é possível perder todo seu dinheiro no mercado de trading esportivo. Dizer isso, porém, é a mesma coisa que começar a citar estatísticas sobre vítimas fatais em acidentes de carro. Sim, alguns desses acidentes ocorrem sem que a pessoa vitimada possa fazer algo para se defender, mas muitas vezes por questão de displicência – beber antes de dirigir, comprar a própria carteira de motorista, não usar cinto de segurança, falar ao celular etc. E esses acidentes acontecem, muitas vezes com danos permanentes.

A resposta racional para a pergunta que abre este capítulo, então, é "sim". O ponto, aqui, é que se você entendeu tudo o que já conversamos, esse risco é imensamente reduzido, uma vez que está se preparando para entrar em um mercado com investimento seguro.

Se você ainda não entendeu, bem, talvez seja hora de voltar a ler tudo desde o início e estudar um pouco mais antes de começar.

Posso investir em meu time?

Essa é uma situação muito delicada e também muito comum. Brasileiros que somos, temos uma ligação muito forte com o futebol. Não é incomum, mesmo com a crescente violência nos estádios de futebol brasileiros (ainda que novas arenas tenham sido construídas com mais segurança e que a punição para torcidas violentas esteja se tornando cada vez mais severa), encontrar crianças levadas pelos pais para assistir ao time do coração jogar uma partida. Isso já aconteceu com dezenas de milhares de crianças em gerações passadas – uma delas pode ter sido você, por exemplo. Caso seu pai – ou algum outro familiar, amigo, colega – já tenha sido levado ao estádio quando pequeno, a sensação pode ser familiar: entrar num lugar gigante, destinado ao futebol, é o tipo de coisa que não se esquece tão cedo – sejamos honestos, não é? É o tipo de coisa que não dá para esquecer nunca. As cadeiras, o alambrado, o gramado verde. A entrada dos times, a execução do hino nacional, o apito inicial. Tudo isso, somado à descoberta do futebol verdadeiro, os cantos entoados pela torcida, a atmosfera que o espetáculo cria, acaba deixando laços difíceis de romper com o time para o qual você escolheu torcer – seja essa uma decisão unicamente sua, seja influenciada por outros.

Assim, é difícil dizer que investir no clube pelo qual você torce é uma decisão fácil de tomar. Traders que ainda não estão acostumados com essa vida, por exemplo, podem acabar confundindo a confiança de um profissional com o amor de um amador. Nessas horas, trabalho e diversão não podem se misturar – e, justamente para manter o futebol do amor e o dos negócios em diferentes campos, recomenda-se que você evite o investimento em seu próprio clube. Eis algumas razões para isso:

- Negação

  Sabe quando você tem um relacionamento e ama muito a pessoa? O suficiente para não perceber as fraquezas dela? Sua namorada ou namorado pode estar apresentando diversas falhas que o incomodariam de primeira se essa pessoa não fosse tão próxima, mas parece que você está cego pelo amor. A paixão, o carinho, a história que vocês dois têm acabam colocando uma venda na frente de seus olhos – ou até criando um tipo de bloqueio mental, e você decide ignorar o que está acontecendo de errado, simplesmente "varrer para debaixo do tapete". Se você nunca passou por essa negação, tenho certeza de que conhece alguém que já viveu esse tipo de história. A pessoa só percebe que está em maus lençóis quando tudo já foi por água abaixo. O mesmo pode acontecer no trading esportivo, quando, guiado pelo amor que você sempre sentiu por seu time, sente-se compelido a investir a favor dele mesmo quando a situação não é favorável. Às vezes o trader que faz isso, cego pela paixão, é capaz até de ignorar seus erros, acreditando que foi apenas vítima do azar e que da próxima vez dará certo. Dica: se você está se guiando pelas emoções, não dá para continuar. Nunca.

⚽ O perigo dos extremos

Digamos que o técnico de seu time está numa péssima fase, sem conseguir vencer há quinze jogos seguidos e você, como torcedor, não aguenta mais pedir que ele saia do comando de seu clube. A direção do time, porém, continua emitindo comunicados que dizem que vai manter o treinador, que confia no trabalho dele e espera que os resultados positivos venham logo. É chegado o dia do jogo, então, e você, guiado pela raiva, tem certeza de que o clube vai perder mais uma partida, aumentando o recorde para dezesseis jogos. Você até torce para a derrota! Mais uma, e quem sabe agora ele é demitido, certo?

Assim, você aposta contra seu time, sem se dar conta de que o adversário é muito inferior e que a vitória era certa, ao contrário de suas expectativas. Assim, você vai perder dinheiro simplesmente por causa das emoções extremas. Esse tipo de paixão também pode fazer você dar muito mais atenção a seu próprio clube, esquecendo-se de pesquisar sobre o adversário

– as mudanças na equipe, a fase atual, a sequência de vitórias ou derrotas –, e isso também pode levar a péssimos resultados para você no mercado financeiro.

Ainda assim, também existem pontos positivos em ser apaixonado por um clube de futebol:

- Familiaridade

  A lógica desse quesito é a de que, tendo familiaridade com seu clube do coração, você está numa ótima posição para tomar uma decisão acurada sobre a possibilidade (ou a falta dela) de uma vitória do clube. Isso acontece porque você sabe como o clube joga, conhece as estratégias que o técnico usa, as possíveis substituições e a maneira como os jogadores se portam em campo, dependendo do placar e de como o jogo está acontecendo. Você também sabe quais clubes causam mais problemas à sua defesa e quais times são mais vulneráveis ao seu ataque; acompanhou anos de evolução do time, do clube e das técnicas e das estratégias específicas daquela organização. Dessa maneira, é mais fácil tomar uma boa decisão de investimento no mercado de trading esportivo.

- Motivação para estudar

  Convenhamos que pesquisar sobre times que não lhe geram nenhum interesse é bem chato, certo? E lembremo-nos, também, de que parte dessa profissão está relacionada à diversão, a trabalhar com algo que você ama. Tendo seu controle emocional em dia, então, será ainda mais divertido se inteirar das novidades de seu time – e utilizar isso a seu favor. Lembre-se de que as *Odds* são as mesmas para todos os que estão fazendo trading esportivo, mas com mais conhecimento que os outros operadores, você pode aproveitar mais chances e sair na frente, sempre. Mais que isso: você já está acostumado, como um bom torcedor de futebol, a ler todas as notícias sobre seu time. O que lhe dá uma vantagem sobre os outros operadores que não pode sequer ser mensurada.

Posso operar em jogos de meu time rival?

Essa pergunta é mais simples, uma vez que já discutimos sobre a influência emocional de seu time do coração. Sabe como muitas pessoas amam odiar certas coisas? Isso é muito normal no futebol – e aposto que é algo comum em sua vida. Que atire a primeira pedra o fã de futebol que nunca "secou" o rival, comemorando a derrota dele como se fosse uma vitória de seu time. Corintianos entram nas redes sociais em polvorosa quando o Palmeiras ou o São Paulo perdem jogos. Gremistas comemoram como um título as grandes derrotas do Internacional. Atleticanos enchem os bares quando o Cruzeiro é humilhado em campo. Assim, a mesma recomendação vale: a não ser que você esbanje controle emocional, prefira se afastar dessas partidas.

CAPITULO 10

Quando começa a dar certo

Em um dos meus primeiros empregos conheci um rapaz que não gostava de trabalhar. Ele aparecia todo dia cansado, entediado e não rendia tanto quanto os outros funcionários da empresa. Sempre que possível ele aparecia com atestados médicos, alegando que precisaria se ausentar por alguns dias – certo tempo depois, ele mesmo contou a outros colegas que os atestados eram forjados, conseguidos no mercado negro.

Um dia, abordei esse rapaz e o questionei sobre os motivos que o faziam tão infeliz. Tudo que ouvi sair de sua boca foram desculpas, na maioria relacionadas às dificuldades que a vida impõe. Concordei – não com os atestados falsos –, é claro, a vida não é fácil; mas não há de se resolver com essas artimanhas. Viver é um desafio diário – e nós, que temos a bênção e a capacidade de chegar vivos ao fim de mais uma noite, devemos nos orgulhar por seguir nosso caminho, nossa jornada. Ainda assim, o rapaz não mostrava nenhum ímpeto para lutar contra os problemas que apareciam – mesmo aqueles pequenos, quase insignificantes. Não era "falta de vontade de viver" ou qualquer distúrbio depressivo, que precisasse ser tratado com médicos e remédios. Era apenas preguiça. Insatisfação. Teimosia.

Enxergo esse tipo de atitude como a síndrome dos braços cruzados. Ela aparece em pessoas que, independentemente da condição financeira, acreditam que o mundo precisa resolver os problemas delas. Colocam-se no papel de espectadores, seres passivos que se encostam numa poltrona e esperam que as coisas aconteçam sem o menor ímpeto, sem o mínimo esforço da parte delas.

Quando abandonei esse emprego, meses depois, para ir buscar algo melhor e mais interessante para minha vida, o rapaz ainda estava lá. Ele mantinha o mesmo cargo, enquanto outros colegas de trabalho ascendiam em suas carreiras ou saíam para procurar algo que fosse mais adequado às suas respectivas condições. Em meu último dia de trabalho, terminando de cumprir o aviso prévio necessário, abordei-o mais uma vez e lhe fiz um convite: que tentasse uma vaga na mesma empresa que me acolheria no futuro. Era, no fim das contas, um ramo parecido, com oportunidades melhores e uma chance muito mais clara de crescimento. Confesso que não me assustei quando ele recusou o convite alegando que seria arriscado demais, que quando algo verdadeiramente melhor fosse acontecer ele saberia.

Nunca mais tive notícias dele.

Existem dois tipos de pessoa no mundo: aquelas que assistem e aquelas que fazem. Os dois tipos podem ter um coração bom, fazer caridade, ter respeito para com o próximo, atravessar a rua na faixa de pedestre e não jogar lixo na rua. Não estou querendo dizer, em nenhum momento, que aqueles que assistem são pessoas ruins, mal-intencionadas e que merecem algum tipo de punição. Ainda assim, são inerentemente diferentes daqueles que fazem. Isso acontece porque quem assiste vive em um mundo de fantasia. Presos num universo quase fetichista, eles se deliciam com as possibilidades de ir além. Costumam acumular dezenas de projetos que só sairão do papel para ganhar um lugar especial na imaginação. Imaginação esta que funciona bem na hora de dormir. É clássico: essas pessoas apagam a luz do quarto, colocam o despertador para as sete da manhã, e assim que fecham os olhos, começam a imaginar a vida incrível que poderiam viver. Estabilidade financeira, viagens para outros países, uma vida bem resolvida no amor, com a família, com os amigos. Fantasiam com esse universo paralelo até pegarem no sono, como uma espécie de remédio, de droga. É isso, afinal de contas, que parece funcionar temporariamente para tirá-los da dura realidade. Chega a manhã, sete horas, e é preciso acordar, deixando os sonhos de lado e encarando a difícil realidade.

As pessoas que fazem também sonham. Sonham em ir cada vez mais longe, sonham com um mundo melhor, com uma realidade mais próspera e agradável. A diferença é que esses sonhos não ficam apenas no papel e na imaginação: eles criam asas para a realidade. À custa de quê? De trabalho duro, menos horas de sono, algumas dores de cabeça, muito planejamento, alguns erros, outros acertos, medo de dar errado, ansiedade pelo que virá pela frente, e algo muito importante: recompensas.

É isso o que dizem, não é mesmo? Que depois de muito trabalho duro, a recompensa vem. Neste momento, recomendo que você grave na memória a página em que está, coloque um marcador de páginas para não se perder e dê uma olhada em todas as folhas que já passaram. Sinta o peso do papel, que denota tudo aquilo que aprendeu. Tente se lembrar dos momentos de dúvida, de releitura, de surpresa, de ansiedade.

Não sei quanto tempo você demorou para chegar aqui, e espero que tenha entendido muito bem tudo o que foi ensinado. O tempo, neste momento, não é o ingrediente-chave.

Quero que você tire uma lição extra, agora. Sem nenhuma relação com estratégias, com trading, com bolsa esportiva, *Odds* e jogos de futebol. Pare e reflita, por quanto tempo achar necessário, sobre a série de novos conhecimentos que você adquiriu em todas essas páginas. Você pode ter acabado de aprender tudo aquilo que tanto desejava para sua vida, e para isso, bastou ter autoconfiança, foco, concentração e vontade de ir mais longe.

Sim: depois de muito trabalho, a recompensa chega. Os lucros, como já discutimos, podem não ser tão exorbitantes – num primeiro momento – como o de grandes CEOs ou pessoas que nasceram em berço de ouro. O importante agora, porém, é entender que seus lucros vão se acumular. Juros compostos. Investimentos seguros. Mais que isso: é *seu* dinheiro que está trabalhando para você.

Muitas pessoas também falam que aquilo que vem fácil vai fácil. E existe uma cultura muito peculiar que prega o valor do trabalho comum, de escritório. Que trabalhar em lugares assim faz bem para o caráter, para a disciplina, como se um ser humano só pudesse ser feliz com dezenas de regras sociais e comportamentais impostas a ele. Como se a liberdade fosse o oitavo pecado capital, o pior de todos. Isso provavelmente vai acontecer quando você contar a alguém menos informado sobre sua nova forma de ganhar a vida. Lembre-se da cultura do funcionário público: ganhar a vida, para a maioria das pessoas, é passar em um concurso e receber o mesmo salário estável até a aposentadoria – não importando se o valor é alto ou não, se será feliz ou não, ou se faz o que ama.

Você já parou para pensar que pode ter lucro real no primeiro mês de trabalho no mercado de trading esportivo? Com as estratégias certas, o entendimento correto de tudo o que foi ensinado aqui e paciência, seu saldo na bolsa esportiva pode (deve e vai!) ser positivo. Pessoas que começam novos negócios em geral demoram muito mais tempo para começar a ter algum retorno, enquanto esse universo pode trazer uma resposta, ainda que pequena, rápida.

E é essa resposta rápida que deve servir como um gatilho para você. Um incentivo para continuar com esse plano. Conheci um trader que ia além de manter um diário e uma planilha virtuais para controlar suas operações, analisar estratégias passadas e considerar planos futuros: ele mantinha um quadro fixado em uma das paredes de seu quarto, e com giz, anotava todas as noites, antes de dormir, o valor que havia conquistado até então. Na parte de baixo da lousa deixava sua atual meta – e a data que havia estipulado para alcançá-la. Sempre que batia a meta, apagava a lousa inteira e começava de novo. Esse tipo de ação servia para lembrá-lo que toda vitória é apenas o precedente de uma nova batalha a ser travada. Impor objetivos rasos e metas simples na vida é para aqueles que sonham baixo. Eu, ele – e você, espero – somos o tipo de pessoa que não se contenta com aquilo que cai do céu, que acontece "por acaso". Precisamos ir além não apenas para ter sucesso financeiro, mas para nos sentir completos. Essa necessidade de evolução, de cruzar limites e barreiras, é o que fez evoluir muitos aspectos da sociedade. Imagine só se houvéssemos parado na descoberta da roda.

No entanto, não paramos. Fomos além. Ainda que estejamos longe do objetivo final, de acabar com a fome, alcançar a paz, curar doenças e encontrar uma maneira de convivermos todos em paz, sem barreiras, fronteiras ou problemas, já fomos muito longe. Muitas pessoas têm essa visão pessimista, de que o mundo nunca esteve tão ruim, que as coisas se encaminham para uma piora sem chances de solução. Elas se esquecem, presas no próprio pessimismo, que há alguns anos o Brasil, segundo a própria ONU, erradicou a miséria no país. Esquecem-se de que estamos em um dos períodos mais longos sem grandes guerras na história do planeta. Que, graças ao avanço da ciência, não temos nenhuma doença que ameace a extinção da vida na Terra – como tantas outras já fizeram, como a peste negra.

Você não deve olhar para trás e pensar que, ao contrário de seu emprego antigo, seus lucros podem flutuar e diferir de um mês para outro. Não deve pensar em toda a estabilidade que um emprego chato proporcionava. Não deve deixar o medo tomar conta de você.

Ainda assim, precisa ter a cabeça no lugar e tomar suas decisões com cuidado – tanto no mercado de investimento esportivo quanto na vida real. Uma das partes boas do trading aqui ensinado é que, como já falamos, a maioria dos jogos da semana acontecem durante a noite – e isso significa que você não precisa abandonar seu emprego para trabalhar com isso. Se sua meta é ter uma renda extra, complementar, você pode seguir nessas duas frentes até que se sinta confortável para continuar apenas como trader, ou depois de alcançar seus objetivos, seguir a vida.

Saiba que o trading pode lhe proporcionar a vida ideal com que você sempre sonhou. O ponto, aqui, é descobrir que vida é essa. Você quer conhecer o mundo, hospedar-se em hotéis luxuosos, descobrir novas culturas e experimentar novas comidas? Deseja liquidar certas dívidas, ajudar familiares, resolver pendências financeiras? Quer trabalhar com futebol porque sente que a vida faz mais sentido quando a bola está rolando? Você sempre se deu bem com números, mas nunca achou o lugar certo para fazer isso ser ainda mais divertido? Ninguém mais, além de você mesmo, tem a resposta para essas perguntas.

Acostume-se com suas metas. Acostume-se com o estilo de vida que você vai adotar a partir de agora – não tenha medo de mudar seus horários, de passar algum tempo longe de certos hobbies, de respirar futebol no começo, até que você se acostume com tudo o que está acontecendo à sua volta. As coisas estão prontas para dar certo, apenas esperando que você tome o controle. Assim que você descobrir qual estrada vai seguir, chegará a hora de segurar as rédeas da sua vida e tirar seus sonhos do papel.

Eu senti o efeito de tomar as rédeas da minha vida em diversos momentos ao longo da minha trajetória no trading, como durante um grande jogo da Copa América entre Argentina e Paraguai, realizado em 13 de junho.

Na análise dos times, percebi que a qualidade do meio-campo da Argentina era fantástica, contando com Pastore, Messi, Aguero e Di Maria. A seleção Argentina é tão boa que se dá ao luxo de não ter entre os titulares jogadores como Tevez, Lavezzi e Higuain. Mesmo entre os reservas, porém esses jogadores aumentam as chances de gol, pois, se for preciso, eles podem entrar em campo e deixar a Argentina mais ofensiva ainda. Também existe o fato do extremo favoritismo argentino, o que nos deixa confiantes no mercado de gols. Messi está em campo, e também aumenta as chances de gol, uma vez que é um dos melhores jogadores da história do futebol. Com um meio-campo e um ataque tão fortes, a Argentina às vezes deixa a desejar no setor defensivo, pois, consequentemente, deve apresentar um futebol mais ofensivo, e, talvez, deixar espaços na defesa.

Já no lado do Paraguai as coisas mudam de figura: há muitos anos a seleção paraguaia não consegue ter bom rendimento, e até ficou fora da última Copa do Mundo, fazendo uma campanha vergonhosa nas eliminatórias – amargando a última posição. Seu elenco não tem grandes novidades, e o veterano Roque Santa Cruz ainda é uma das esperanças paraguaias. Sua defesa não é capaz de suportar o forte ataque adversário, e quando sofrer o primeiro gol precisará atacar, deixando ainda maiores espaços em seu sistema defensivo, e terá então grandes problemas diante do rápido e talentoso ataque argentino.

Levando isso em conta, concluí que a Argentina poderia vencer esse jogo com tranquilidade, pois seu elenco é infinitamente melhor. A *Odd* para a sua vitória antes do início do jogo é de 1,30, ou seja, conforme o consenso do mercado, a probabilidade de a Argentina vencer o jogo é de 76,9%. Outra *Odd* interessante é a da quantidade de gols que a Argentina fará nesse jogo – 1,46 para dois gols ou mais. Sua defesa tem alguns problemas, porém, não seria nada anormal se não sofresse nenhum gol. Contudo, existe, sim, a possibilidade da sua defesa ser vazada, o que deixaria o ataque argentino mais agressivo ainda, buscando mais gols.

Como era de esperar, a Argentina já iniciou a partida pressionando fortemente, com o Paraguai na retranca – deixando apenas o atacante Roque Santa Cruz isolado. Do início do jogo aos 17' a Argentina quase abriu o placar várias vezes por meio de sucessivos escanteios e chute perigoso de Mascherano. Percebi a forte tendência de gols e a pressão da Argentina e entrei no mercado, fazendo dois investimentos:

1: investi 200 dólares no mercado *Over* 2,5, que estava com *Odd* a 1,95;
2: investi 150 dólares a favor da Argentina, com *Odd* a 1,34.

A Argentina continuou pressionando, e aos 22' coloquei mais 100 dólares no mercado *Over* 2,5, dessa vez com a *Odd* a 2,04, ficando com compromisso de 300 dólares nesse mercado.

Não demorou muito, e aos 29' Aguero abriu o placar para os argentinos. Não fechei meu trading e continuei observando o jogo. A Argentina continuou a pressão, e aos 34' Di Maria caiu na área, o juiz marcou pênalti, convertido por Messi aos 36'. Placar naquele momento: 2 × 0.

Então, fechei meu trading no *Over* 2,5, com um lucro total de 258 dólares, mas resolvi continuar com meu investimento a favor da Argentina aberto.

No início do segundo tempo, o jogo estava nervoso e a Argentina continuava pressionando, mas em um contra-ataque rápido, Valdez fez um gol e diminuiu a diferença para os paraguaios, deixando o placar em 2 × 1. O Paraguai continuou pressionando e a Argentina tentou segurar o placar, momento em que fechei meu trading no investimento da Argentina, com lucro de 35 dólares.

Por fim, o Paraguai empatou, mas como eu já havia fechado minha operação e estava fora do mercado, consegui assegurar meu lucro. No final das contas, fechei o jogo com 293 dólares de lucro, aproximadamente 923 reais,

Esse jogo se encaixa em tudo aquilo que discutimos anteriormente porque durante muitos momentos do jogo, era como se eu estivesse com meu destino nas próprias mãos – e estava. Não dependia de mais ninguém, de nenhuma ordem superior ou ligação de chefes. Minhas atitudes, meus esforços e meus estudos me levaram até ali, até um lucro que ultrapassou centenas de dólares. Eu consegui isso, e você também vai conseguir.

CAPÍTULO 11

Comece hoje mesmo

Uma das coisas mais interessantes que podem acontecer na vida, quando você é bem-sucedido, é olhar para trás e tentar entender como tudo aconteceu. Dar-se conta de cada passo que enfrentou e cada decisão que tomou é como sentar-se em uma poltrona confortável para assistir a um filme sobre sua vida – com a diferença de que quem escreveu o roteiro foi você.

Minha história você já conhece – da intimidade com números à decisão de começar a trabalhar com trading esportivo graças a um amigo que conheceu esse mercado e procurou meus conhecimentos, sabendo que eu já tinha experiência com a Bolsa de Valores.

Com o passar dos anos pude me aprimorar nesse universo e atingir a maior parte dos meus objetivos, financeiros ou não. Preciso confessar a você, caro leitor, que este livro faz parte de outro sonho, e ele tem muito a ver com você, que está lendo cada uma destas linhas escritas: o sonho de espalhar conhecimento.

Não podemos nos render à hipocrisia e afirmar que dinheiro não é nada neste mundo. Vivendo em uma sociedade capitalista, que pede dinheiro para a maioria das coisas, é muito satisfatório acordar e saber que você não está no vermelho. Claro que o dinheiro, sozinho, não traz felicidade, mas é um bom adiantamento para resolvermos o resto da vida. Ainda assim, ele não é tudo.

Conhecimento é tudo. Sem ele, só há instinto, intuição, acaso. Sem conhecimento não poderíamos evoluir como sociedade – distinguir o certo do errado, o bem do mal, aquilo que funciona daquilo que dá errado. Meu intuito, com este livro, não é simplesmente lhe mostrar como ganhar dinheiro em uma nova profissão: também é transmitir um novo e raro tipo de conhecimento para aqueles que podem usufruir muito dele. E você precisa ter a noção de que, depois disso tudo, será uma nova pessoa.

Em mais um pedido de reflexão, gostaria que você fizesse como eu e olhasse para trás. Perceba, agora, quanto da sua vida pode (e vai) mudar.

Digo isso porque cada uma das bilhões de pessoas que habita o planeta é um constante projeto em evolução, e cada dia que nasce é uma tela em branco, que espera que nós pintemos a realidade que desejamos ter.

Você já pode ter sido alguém que apenas sonha. Que entra debaixo das cobertas, apaga as luzes do quarto e fantasia com uma vida que seria muito melhor, mais agradável, divertida, repleta de bons momentos e tranquilidade

Chegou a hora de essa realidade mudar. Ela já mudou, na verdade, no instante em que você comprou este livro, sabendo das possibilidades que ele lhe proporcionaria. A diferença, porém, é que muitas pessoas param a mudança quando ela ainda está começando a acontecer, com medo daquilo que pode trazer. O sucesso assusta. A possibilidade de crescer, de tornar-se dono de si mesmo, pode afugentar muitas pessoas. Por mais estranho que isso possa parecer, é verdade. Estamos tão acostumados a viver tendo a necessidade de explicar a superiores cada ação e decisão tomada que, quando a possibilidade de ser seu próprio chefe aparece, muitos fogem, desesperados. Preferem jogar seus sonhos e seus desejos para baixo do tapete, achando que esse desafio não merece ser enfrentado. Como um mecanismo de defesa quase instintivo, alguns até chegam a dizer que "esse tipo de vida é para gente maluca".

Quem ousa mudar é, sim, muitas vezes questionado. Essa sabatina, porém, só acontece porque a coragem para assumir as próprias responsabilidades é desencorajada. E porque fazer isso não é fácil.

Temos uma cultura muito forte que costuma culpar a pessoa mais próxima por nossos erros. Você com certeza conhece alguém que "nunca está errado", certo? Sempre é culpa de outra pessoa. Chegou atrasado ao trabalho? A culpa e dos outros motoristas estavam andando muito devagar. Errou aquele relatório? A culpa é do colega de trabalho que ensinou a fazê-lo errado. Suas contas se acumularam? A culpa é do banco, que aumenta cada vez mais as taxas de juros.

Não é assim que funciona.

A pessoa se atrasou para o trabalho porque não se programou para chegar a tempo – todo mundo que faz o mesmo percurso por algum tempo percebe os horários de maior trânsito, e percebe também que algum tempo extra deve ser adicionado no cálculo do tempo de trajeto entre a casa e o escritório. O relatório pode ter sido feito errado por desatenção ou preguiça, especialmente se considerarmos que é uma tarefa monótona, muitas vezes exaustiva por sua mesmice. As contas se acumulam por falta de planejamento financeiro, pelo ímpeto de comprar coisas que você não pode ter agora, mas que o mundo consumista parece tornar obrigatórias.

Uma pessoa que assume as próprias falhas está muito mais propensa a ser bem-sucedida, uma vez que aceitará os erros que cometeu e se esforçará para que não aconteçam novamente.

Conheço uma pessoa que entrou no mercado do trading esportivo mais ou menos na mesma época que eu. Mais ousada – e inconsequente – para operar nesse mercado, ela finalizou o primeiro mês de trocas com um saldo muito maior que o meu – visto que eu preferia operar de forma segura, estipulando metas e estudando para me aprimorar, sem deixar que o mercado me engolisse.

Alguns meses depois reencontrei essa pessoa e perguntei como andava o mercado. Com um olhar um pouco envergonhado, descobri que ela havia abandonado o trading esportivo porque começara a errar investimentos, sempre colocando tudo a perder. Ele afirmava que esse mundo é "uma enganação". Um colega desistente, por assim dizer.

Esse tipo de pessoa prefere viver com os braços cruzados e culpar o mercado, como você percebeu, pelos erros cometidos. Muitos erros, que vão desde a falta de estudo e conhecimento até a ambição de querer "quebrar a banca" sem ter as oportunidades corretas para ter um lucro maior que o normal. Diferentemente dos milhares de traders bem-sucedidos no mundo, que encaram o mercado como um lugar sério, que precisa ser analisado para ser bem aproveitado, esse colega e muitas pessoas que nunca levaram a vida a sério acreditam que são predestinadas a ser bem-sucedidas, como se uma entidade as houvesse escolhido, em detrimento daqueles vão falhar. Quando falham, então, abandonam o universo no qual haviam se inserido acreditando que "não era para elas". Não existe predestinação. Não existem vitórias reais e que agregam crescimento pessoal em decisões tomadas com o puro acaso como fonte principal de ação.

Tenho certeza de que você já ouviu falar de pessoas que ficaram muito ricas de uma hora para a outra, e que puseram tudo a perder depois de algum tempo. Canais de TV já mostraram muitos brasileiros que nos últimos anos ganharam na loteria e depois perderam tudo. Todo ano algum vencedor de *Reality Shows* embolsa uma pequena bolada, e não é nem um pouco surpreendente que, algum tempo depois, tenha voltado à estaca zero.

É nessas horas que a meritocracia volta a desempenhar um papel fundamental na vida de cada um de nós. Operando no mercado, você está trocando conhecimento, horas de seu dia, dedicação e atenção (méritos) pelo lucro (resultado). Está conquistando cada um dos centavos que entram em sua conta – e, acredite, são muito mais seus do que o salário daquelas pessoas que só enrolam no trabalho, sempre fazendo o mínimo, só para receber no fim do mês. Muitas pessoas irão contra essa frase, acreditando que só um trabalho convencional é verdadeiro, que esse tipo de mercado só envolve acaso e que "o mercado sempre vence". Dirão isso por dois motivos: por ignorância, falta de conhecimento de novos mundos e profissões, e porque não dispõem da mesma coragem que eu e você temos de ir além e procurar novidades, formas diferentes de levar a vida; mais do que isso: conhecimento.

Você está prestes a trabalhar com aquilo que ama. Já falamos disso antes, mas quero que pare e pense novamente no assunto. Consegue entender a importância dessas simples palavras na vida de alguém? Da próxima vez que você for para o trabalho – porque, como também já falamos, não é necessário abandonar a fonte primária de renda para operar no mercado esportivo –, repare nas pessoas à sua volta. A maioria delas não queria estar ali (ou *apenas* ali). Fazem aquilo sem nenhum outro plano de vida, nenhum objetivo de longo prazo. Apenas esperam que o dia passe, mesmo sabendo que amanhã será igual.

Até sua forma de olhar para o relógio vai mudar a partir de hoje. Sua atenção estará redobrada, pois você fará parte de um universo que se preocupa com o valor de cada segundo, cada minuto que corre no relógio. Não porque você quer ir para casa dormir e fazer a semana passar depressa. Não porque você está entediado. Você olha no relógio porque calcula que em breve será hora de operar no mercado. Será hora de trabalhar com aquilo que você ama – e isso o faz mais profissional e feliz que a maioria daqueles que estão à sua volta.

Encare isso como um dos maiores incentivos para se tornar um grande trader: nada é melhor que a satisfação de estar em um mundo que lhe faz bem, que o diverte e traz resultados satisfatórios. Sua planilha de lucros e perdas não deve ser encarada como uma chatice, por exemplo. Ela é parte do roteiro de sua nova vida, assim como o diário que você mantém sobre as operações feitas. Cada linha que você adiciona ali, cada momento comentado, é mais estrada percorrida para o destino final: sua transformação em um dos maiores traders do mercado. E como é você que dá as cartas, que escolhe onde, quanto e por que investir, entenda que o crédito é todo seu.

Uma das profissões mais respeitadas nos dias de hoje é a de CEO (Chief Executive Officer, o equivalente a diretor executivo em português). Essas pessoas tomam as grandes decisões para empresas, influenciando em diversos setores. Quão incrível, então, é ser CEO de sua vida? Cuidar inteiramente do próprio negócio, ser seu próprio chefe naquilo que importa e naquilo que ama?

Você chegou até aqui pelas próprias pernas, graças a seus méritos. Esta é a hora de comemorar, de ficar orgulhoso por todas as suas boas decisões – de pôr na cabeça que você mudará de vida depois de comprar este livro, de se dedicar a cada aula, cada capítulo, cada lição aprendida. Sua nova vida começa agora, e só depende de você que ela seja aquilo com que sempre sonhou. Vá além, busque resultados, divirta-se, faça tudo com amor e dedicação e os resultados virão com uma facilidade gigantesca.

Parabéns, e muito obrigado.

Este livro foi impresso pela Prol Gráfica
em papel norbrite plus 66,6 g.